和田塾

運をつくる授業

和田裕美

廣済堂出版

はじめに

運について書いたのは、
この本が初めてです。

だから、いっさいどこにも
いっさいだれにも
話したことがない内容です。
すべてが初公開です。

じつは、今までも「運のしくみ」については、なんとなくぼんやりとわかっていたのですが、本にできるほどしっかりとした輪郭がまだできあがっておらず、だから、人に語る段階でもなかったんですね。

しかし、面白いことに、運についてわかっていることを整理するためにちょっとずつ書き始めたとたん、「ああ、こういうことなんだ」と点と点がつながって線になっていくように、自分のなかでたくさんの気づきと発見が起こって、どんどん言葉が溢れてきたんです。

こんな方法で本を書いたのは、50冊ちかく書いてきたなかで初めての体験でしたが、とにかく、この本はそんな感じで一冊の姿にまとまっていったのです。

でも、どうして占い師でもないわたしが、「運」について「なんとなくぼんやり」とでもわかっていたのか？って思いますよね。

それはわたしがここ10年、陽転思考という考え方を伝え続けてきたことで、何千人ものいろいろな人生にふれることができたからなんです。
そうしてわたしは、多くの人がほんとうに好転していく変化をはっきりと見て、
「ああ、やっぱり運って自分でつくれるんだ。
だれだって、どんな状況からでも100％幸せになれるんだ」と、
これまた100％確信をしていたんです。

生まれたとき配られたカードには、
あきらかに個人差があります。
けれど、運がそこで決まってしまうわけではありません。
神様はその人に「すでに決まったレールの上を歩きなさい」といってカードを配るのではなく、シミュレーションゲームのように、
その人の判断で、その人の選択で、その人の決断で、

「どんどん自分で自由にゲームを楽しみなさい」と言ってくれているのです。

ようは自分の人生ゲームは自分でコントロールできるってこと、

それが運のつくり方です。

だから運のしくみ（ゲームの仕方）がわかれば、

ずっと上昇雲という雲に乗って上がることもできるってことです。

ずっと心を成長させ続けることもできるってことです。

今、どういう状態であっても、

それがほんとに大変な状態であっても、けして投げやりになって、

「どうせ運がわるいんだ」なんて言わないでください。

まだまだ運はよくなりますし、

落ちれば落ちるほど上昇のパワーは大きくなっていくので、

これからがもっとすごいことになっていきます。
どうか自分の未来を信じて、わくわくと向かってください。

あたらしい人生はすぐそこにあります。
あとは、あなたが選ぶだけです。
あなたのこころが踊るほうを、ただ選ぶだけなんです。

和田裕美

contents

はじめに

1時間目
「運のしくみ」がわかった！
「運がいい」「運がわるい」を図で描くと…

配られたカードで勝負あり？
ゲームがうまい人、ヘタな人
わたし、強運みたいですが……
どん底で引いたカード
どん底から浮上する人、しない人
運ってこんな形をしています
「心の階段」を上る
谷があるから上がっていける

谷での過ごし方で決まる
同じステージにいるからまた谷が…
なんで「谷」があるんだろう？

2時間目

運の土台をつくる

運の花はどんな土に咲く？

運の花が咲く土壌
自信のない人の谷には花やキノコが少ない
自信があるとなぜ運がよくなる？
自信のある人とない人はこんなに違う
自信は行動から芽生える
真似から「自信の素」が生まれる
「幸せになりたい！」の本能が大事

「生きたい！」と思うだけで運は上がる
重りを捨てないと上がらない
誰にでもある5つの財産

3時間目

「運の階段」の上り方

運を上げていくにはコツを覚えてください

わくわく登れば辛くない
一段上の山へジャンプするには…
次の山が見えてくる
ゴールまでの「プロセス」にわくわくがある
わくわくがあれば苦しくない
谷があってよかった！
谷に行ったから「わかるようになる」

気づきのキノコ
感謝の階段
谷で「もっとできる自分」をつくる
「気づきのキノコ」は山の斜面にも
客観視ブレーキ
谷に架かる橋
谷も山もない人生を歩く人
わくわくの道を選ぶ

4時間目

「運の基準」は自分が決める

「不運」も運のうちです

貧しさ＝不幸ですか？
なにを持っているかなんて関係ない

同情は下向き、愛情は上向き

「得た」よりも「学んだ」のほうが◎

「自分のため」から「誰かのため」に

100歳超えたら100%

老後の運は心の目盛りで決まる

不運は運を実感するためにある

不幸を裏返したら幸福？

5時間目

運を上げるレッスン

運の階段は「感謝」で上る

今日のひと粒の砂に感謝する

砂粒に気がつかないのはなぜでしょう？

頭じゃなくて体で理解する

笑えば「上がる」
神あわせ（噛みあわせ）を整える
とにかくスタートボタンを押す
「ひらめき」は運をつかむチャンス
動かなければなにも始まらない
「愛されたい」より「愛したい」
言葉ひとつで運を上げる
運は見えない部分に隠れている
「運玉」をアップライトで照らす！
心は褒めて輝く

1時間目

「運がいい」「運がわるい」を
図で描くと…

「運のしくみ」がわかった!

いいカードをもって生まれても
わるいカードをもって生まれても
運のゲームはスタートで
決まるわけではありません。

配られたカードで勝負あり？

わたしたちは、生まれたときにそれぞれの条件が違いますよね？
お金持ちだったり、そうじゃなかったり
健康だったり、そうじゃなかったり
美しかったり、そうじゃなかったり
全部持って生まれたような子もいれば、
なにも持たずに生まれたような子もいます。

そう、生まれたときに配られたカードは、ゲームと同じでそれぞれ違うんです。

最初からよいカードを配られる人もいれば、

あまりいいカードをもらえない人もいます。

神様がいるとしたらなんでそんな不公平なことを・・・と思ってしまうのだけど（そんなこと思って文句言ってもカードを誰も変えてはくれないので）、とにかくわたしたちは黙ってそのカードを受け取って、自分の人生ゲームをスタートするしかないのです。

でも、配られたカードを見る限り、「勝負は決まったな」と言ってしまうような差があっても、この**人生ゲームというのは面白いほど大逆転があって、わるいカードを持っている人ほど飛躍しやすい**というパラドックスを秘めていたりします。

そう、どんなに辛い状況に生まれても、生き方によって大きく人生を激変させる人もいます。

厳しいカードを引いてしまった人のなかには、
最初によいカードを持っていた人よりも、
もっともっと幸せな人生を生きる人もいるってことです。
せっかくいいカードを持って生まれても、
幸せじゃない人生を生きることになる人もいます。

ゲームがうまい人、ヘタな人

どうしてそういうことが起きるんでしょうか？
ようは、ゲームがうまいかヘタかってことです。
そして、ここでわたしが言っている「ゲーム」というのが、
まさに「運」のことなんです。

運を上げるのがうまいかヘタかによって、人生はどうにでも変わっていく。

どんな条件のスタートでも人生はつくれるってことです。

今では知らない人がいないほどの有名人でも、スタート地点ではかなりのハンディを背負っていた方たちがたくさんいます。

突然の解散で日本中の話題となったＳＭＡＰの元リーダー、中居正広さんもご自身の番組で、幼少期にはお米も満足に買えず、お風呂なんかもない一つの部屋で５人家族が一緒に寝ていたと語っていました。

今でもカリスマ的人気を誇る歌手の安室奈美恵さんは、沖縄アクターズスクールに通う学費が払えずに一度は入学を断念、それでも才能を見抜いたスクール側に学費免除の特待生として迎えられ、チャンスを与えられたのがデビューのきっかけとなったといいます。

恵まれた環境にいたのに思わぬ苦労を背負い込んだ・・・という逆のケースもあります。

流行語となった「今でしょ！」でブレイクし、テレビで見ない日はないと言ってもいい林修さん。

不自由のない家庭に育ち、東大法学部から長銀（日本長期信用銀行）という絵に描いたようなエリートコースを歩んだ秀才です。

でも、林さん、なにを思ったか、長銀を早々に辞めてしまうんです。そしてチャレンジした起業で失敗、株やギャンブルでも大損して、２０００万円の借金を背負った。予備校の講師になる前にそんなことがあったそうです。

子供時代に子役としてちやほやされた方たちのなかにも、その後苦労された方がいらっしゃいます。

3歳から劇団若草に所属し、天才子役と言われた坂上忍さん。お父さんは出版社の社長さんだったようですが倒産してしまい、中学時代まで借金取りに追われるような家庭だったそうです。

その後両親は離婚。すると借金は連帯保証人だったお母さんにのしかかり、中学までで辞める予定だった子役を続けることに。有名だったがゆえに高校ではいじめを受け、何度も自殺しようと考えたようです。

今は役者だけでなくタレントとして超売れっ子になった坂上さんにも、そんな時代があったんですね。

子役出身ではありませんが、ツイッターのフォロワー数日本一と言われるほどの有吉弘行さん。

猿岩石というコンビ芸人で出演したヒッチハイクの旅番組で一度は大ブレイクを果たしたものの、その後は下がる一方で、TVの仕事も貯めたお金もほぼなくなり、みじめな生活の中、事務所の先輩にご飯を食べさせてもらっていたといいます。

でも、毒舌芸人として大復活したのですから、最初はよかった運が一度は落ちて、今度はもっと大きい運をつかんだタレントさんですよね。

ですから人生、**スタートがよくてもわるくても、あんまり関係ない**と思います。

スタート環境に恵まれたから一生運がいいなんてこともなければ、わるかったから、ずっと運のわるい人生が続くなんて思うこともない。

もっと言えば、ちょっと考え方や行動を変えれば、すぐに運がよくなっちゃったりもするんですね。

なぜかって？　運のしくみがそうなっているからなんです。

それをこれからお話しします。

どん底に落ちても
そこから浮上できる人と
そこにとどまってしまう人がいる。
その違いが運なんです。

わたし、強運みたいですが……

その前に、この本を書いているわたしの人生、わたしの運はどうなのかってことなんですが、どうやらわたしは強運みたいです。

いや、振り返ってみたらけして運がいいとは言い切れない事件だってひとつやふたつ、いや、それよりもっとあるのですが、今、やりたい仕事をして好きな人に囲まれていることをずっと継続できていることを考えると、やっぱり運がいいと思うのです。

でも本当のことを言うと、数年前まで自分の運がいいとか意識したことはなかったんです。

わたしは、あまり「こうなりたい！」っていう目標がなく生きてきたので、結果にそんなに執着してなかったからです。

出した本がどんどん売れて新人でベストセラーになったとき、知り合いにこう言われたんです。

「この間のパーティで会った人が君の本を読んでいて話題になったんだけど、その人が、『営業やっても世界2位で、違う世界に入って本を書いてもベストセラーって、和田さんってなんだかんだいっても強運だよな』って言ってたよ。なるほどそうだよなって思った」

そうか、わたしって運がいいのか！
そのときわたし、ようやく知ったんです。（笑）

それから10年あまり。

いろいろとあったけれど、
やっぱりわたしは（普通の人のわりには）運がいいと思います。

どん底で引いたカード

さて、いろいろとあったくせに、それでも厚かましく「わたしは運がいい」と言えるのはなぜってことなんですが、振り返ってみると、
結局、辛いこととか悪いことがあっても、
必ずその後に（ほんとうに１００％）上昇するので、
トータルで考えるとやっぱり運がいいわけなんです。
それも、落ちた後の上昇は、前より高い場所まで上がっている感じです。
ようは、「転んでもただでは起きない」という状態がずっと続いているわけなのです。

だから、今では嫌なことがあっても
「これは大きな運がやってくる前兆だな」
と思ってしまうようになりました。
もちろん辛いという感情はあるので、ひとりで暗くめそめそ泣いたりしながら心の隅っこでそう思っていたりするのです。

たとえば、わたしは営業で世界2位の成績を上げて有頂天になるわけですが、その後、外資系のその会社がいきなり日本撤退となり、リストラになりました。積み上げてきたものがゼロになり、キャリアもすべてを失って落ちてしまうわけです。

まさに青天の霹靂《へきれき》、どん底の無職です。

収入がなくなって貧乏生活に舞い戻ったわたしの生活は逆転しました。そりゃとてもみじめでしたが頼る人もいないので、とにかく食べて行く方法を見つけないといけません。

とにかく食いつなぐために、とりあえず営業研修ならできますよというチラシをつくって、知り合いからお情けで仕事もらってほそぼそとやっていたんです。

そんなことを続けてしばらくした頃に「異業種交流会にでも行ってもっと営業したほうがいいよ」と友人から言われたんですね。

で、素直にネットで調べてたまたま見つけたところに勇気を出して行ってみたんですよ。

そこでわたしの隣にたまたま座った人が、
たまたま出版の企画を持っていて、
その本の企画がたまたま女性起業の企画で、

「経理出身の人も、企画出身もいるんだけど営業出身の人で頼みたい人がいなかったから、あなたちょうどいいなあ」

となって、そのまますするすると本の話になったわけなんです。
その本がきっかけとなり、今のわたしにつながっているのです。
このようにわたしは、**どん底のときに最強カードを引いた**ってわけです。
つまり、どん底の時代がなければ、本を書くお仕事などしていなかったわけなのです。

どん底から浮上する人、しない人

「運がいいね」と人に言われるのは、このようなことがいくつもあるからなんですが、この計画性のないわらしべ長者のような「たまたまの連続で引いた最強カード」は、ほんとにたまたまなのかってことなんです。

これ、わたしだけに起こることなんでしょうか？

「運がいいね」と言われるようになってから、運のことを暇があれば考えるようになったんですが、世の中には、

「どん底」になってても浮上できずずっと底にいる人とわたしと同じようにそこから浮上していく「転んでもただでは起きない」人、この２タイプ（程度の差はあれ）があるのだとわかったんです。

じゃあ、この違いは生まれもった運勢の違いなんでしょうか？

いや、それも違うと思うんです。

よく占いでいう運気のバイオリズムみたいなものは、占いの生年月日だけで決まるものではなく（それも関係ないとは言いませんが）、やはり行動とか思考によって決まってくるのだとわたしは思っています。

現に、同じ生年月日の人が同じ運勢とは限らないですよね？

イチロー選手と同じ生年月日の人が、みんな野球をやったらメジャーリーグにいけると思いますか？

持って生まれた運の流れのようなものはあったとしても、やはりその人の「生き方」のほうが人生に大きく影響するのです。


冒頭で結局、どんなにスタートで悪いカードを持っていても、必ず途中から運がよくなってゲームに勝つ人がいるといいましたが、それがまさにこのことを表しているんですね。

やっぱり**思考と行動によって運が決まってくる**んです。

だから？

運勢でもない！

生まれたときの条件でもない！

そう、誰にでも運をぐんぐん上げていくチャンスがあるってことなんです。
すべて自分次第ってことなんです。

こんなことを言うと、
「じゃ、結局は努力ってこと？」と思う人もいるかもしれませんが、
それもちょっと違うんですね。
すごくしんどい努力で運の山を登っていくというよりも、
わくわくして生きていく途中で、
わくわくと登る山もあるってことです。
とにかく楽しんでいればいいので、まずは安心してください。

運は山と谷でできています。
山の頂上の一段上に
また山があります。
これが「心の階段」です。
心の階段を上がっていけばいくほど
運が上がるんです。

運ってこんな形をしています

「運のしくみ」の本題に入りましょう。
「運のしくみ」を理解していると、未来がまったく怖くなくなるし、嫌なことがあってもわくわくできるようになって、どんどん上がっていけるんです。

まず、こんなふうに（P34）運は、
一本の線をジグザグと上がったり下がったりしながら進んでいきます。
厳密に言うと、くるくるとコイルみたいに、
上がったり下がったりしながら回転して進んでいきます。

そう、占いでよく言われる「バイオリズム」というものです。

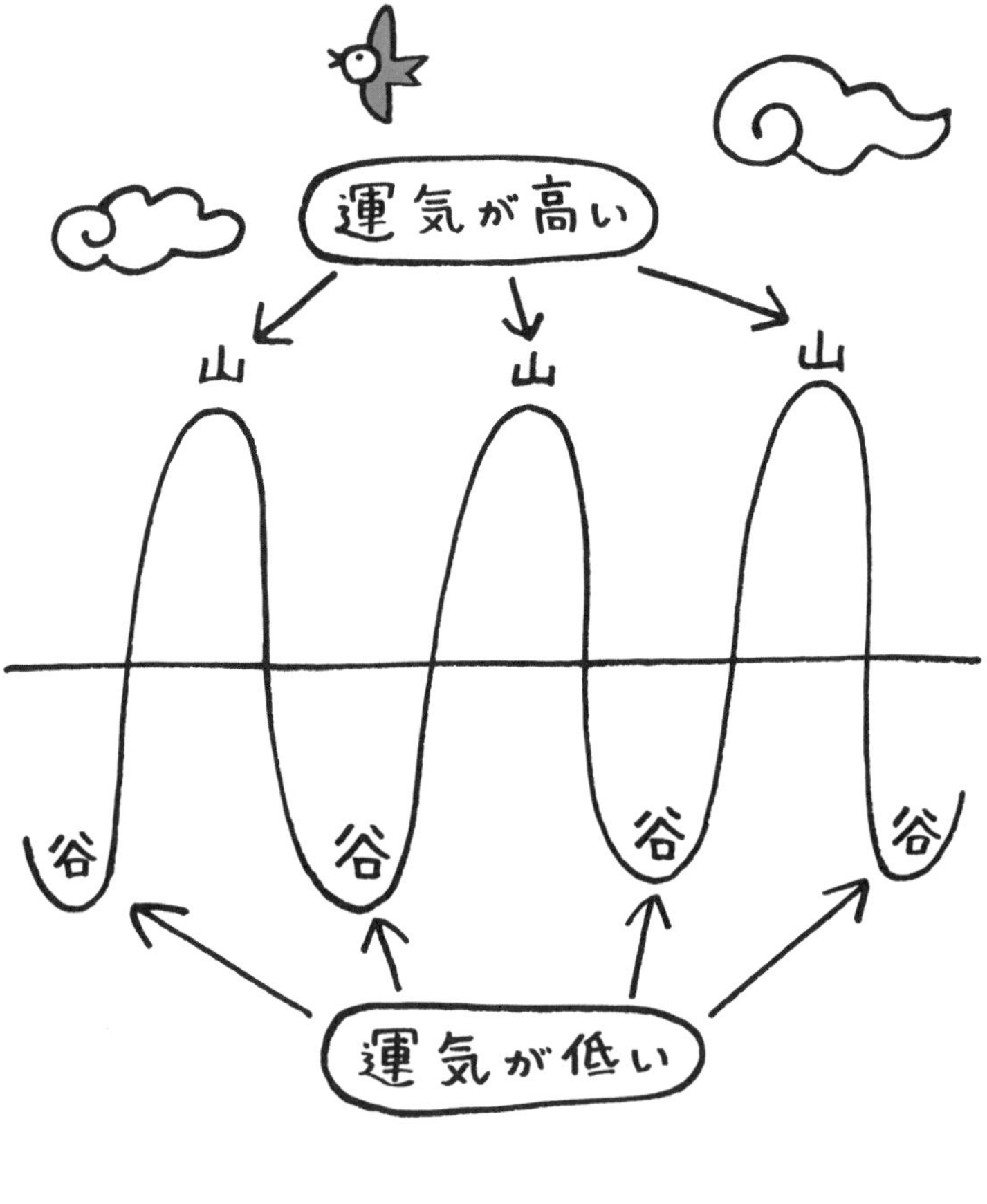
運気が高い
山
山
山
谷
谷
谷
谷
運気が低い

今までの人生を振り返ると、いいときもあったけど、そうじゃないときもあったはずです。

たとえば、とくにがんばったわけでもないのにスルスルといい成績をとれたり、評価を受けたりする時期もあれば、同じようにやっているのになんだか調子が出ない時期があります。

何かを得るときもあれば、失ってしまうときもある。

そんなジグザグです。

このジグザグの時間感覚は人それぞれに違います。

「心の階段」を上る

この絵ちょっと引いたところから見てみると、こんなふうに（P37）なるんです。
ジグザグが階段になっていて、
一段上にもまた同じような運のジグザグがあるんです。
同じジグザグでも階段が上に上がっていくほど運気が高いことになります。

これが**「心の階段」**、すなわち**「運の階段」**です。
心が成長してくると一段上に上がれるわけです。
（一段抜かしで上がる場合もあります）

一段上に上がって成長した自分が、
またその上に向かって成長の山を登っていく。
成長すればどんどん運がよくなっていくので、
さらに上のステージへと上がっていけるんですね。
よく「人生は山あり谷あり」と言いますよね。

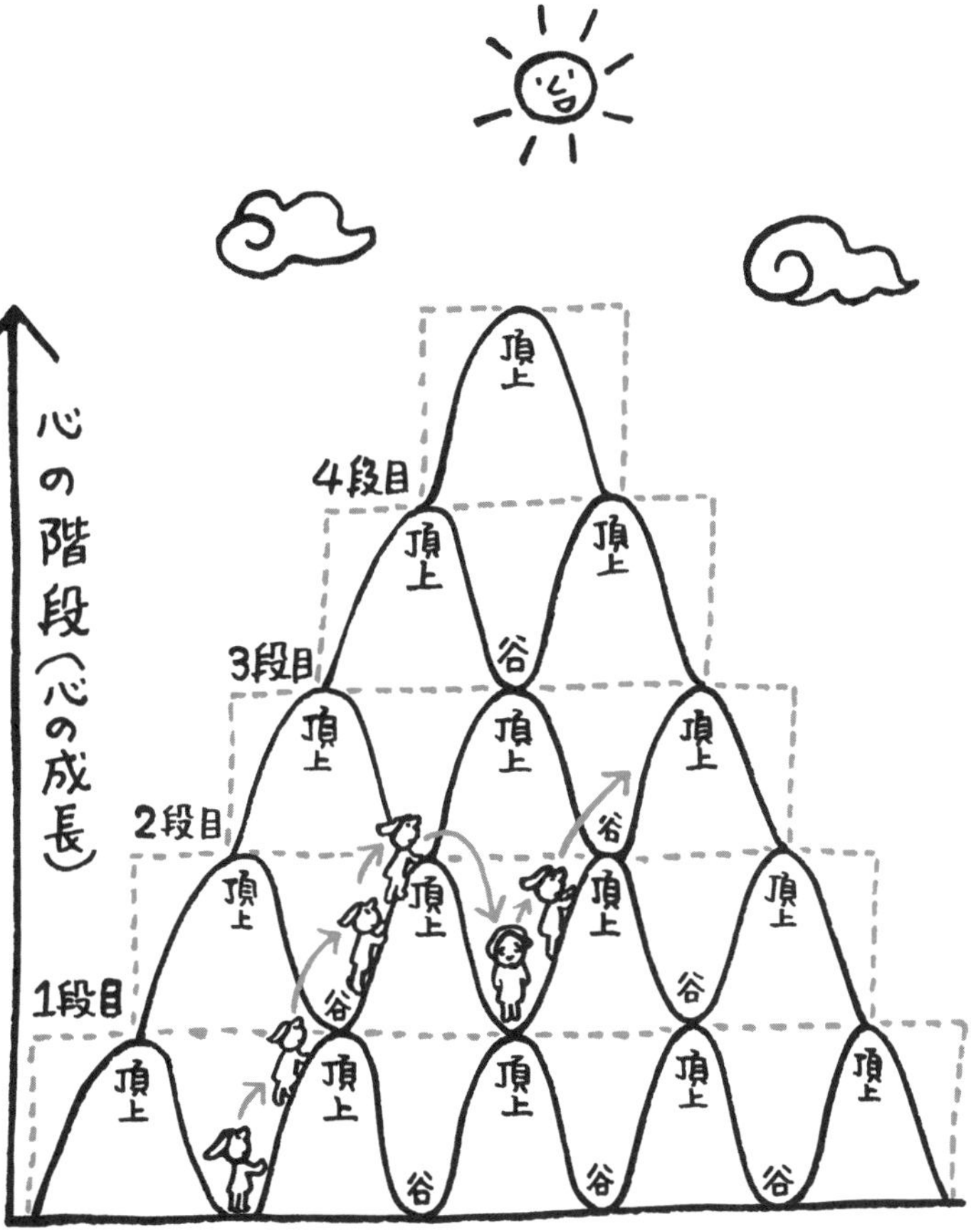
心の階段(心の成長)
4段目
3段目
2段目
1段目
頂上
頂上
頂上
谷
頂上
頂上
頂上
谷
頂上
頂上
頂上
頂上
谷
谷
頂上
頂上
頂上
頂上
頂上
谷
谷
谷

つまり、このジグザグがその山と谷なんです。

もう少し細かく言うと、このジグザグ（山と谷）の高さは一定ではなくて、自然界と同じように高い山もあれば低い山もあり、浅い谷もあれば深い谷もあります。

その人に起こったいろいろな出来事や回避の程度、心の状態などによってその都度、高低は違っています。

谷から山を登っていくときが
「運がいい」と感じるときです。
早く谷から上がっていった人が
成功する人で、
「運がいいね」と言われるんです。

谷があるから上がっていける

運がいいと思うときは、
「山の頂上に向かって登っているとき」と「山の頂上に立ったとき」です。
運が悪いと思うときは、
「谷に向かって下りているとき」か「谷にいるとき」です。

ただ、谷に向かって下りているときは、そのことにあまり気がつきません。
病気に気づくときはだいたいたいが身体の具合が悪くなったときですよね？
下りているときはどこも痛くないし、不調があまり感じられないから、
谷に向かっていることがわからない。
「なんかたいへんだ」とか「すごくしんどい」という状況に気づくのは、

谷に下りてからなんです。

P42の図を見てください。
この登っているときが「もっとも運がよい」と感じるとき、
つまりは、ワクワクが止まらない状況ってことです。
ただしこれ、下がるから上がれるわけで
谷があるからこそ運が上がる、ということを意味しています。

つまりは「ああ、運がよくなった」と思えるのは、
じつは「谷の時期」があったからであって、
ずっと同じ位置にいると「運気上昇」を感じない。
上がっていないわけですから。
さらに言うと、どん底であればあるほど
次にやってくる運の大波は高く勢いがあるということになります。

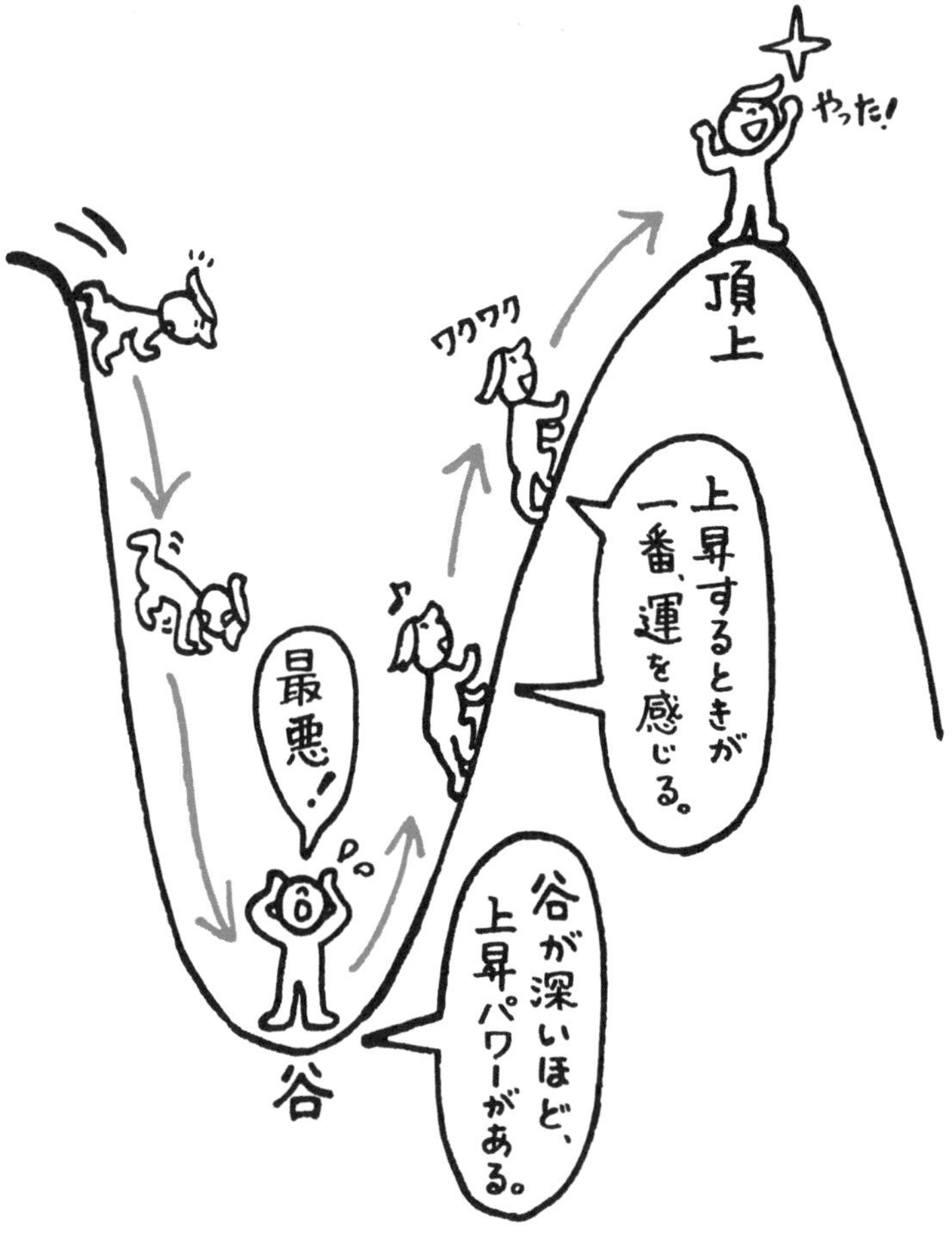
やった!
頂上
ワクワク
上昇するときが一番、運を感じる。
最悪!
谷が深いほど、上昇パワーがある。
谷

つまり、谷から山の頂上にむかって自分のいる位置を上げていくことが「運を上げる」ということなんですが、ずっと谷にとどまってしまったら、やっぱり運はわるいまま。

運を上げていく秘訣は、谷に長く滞在しないでさっさと上昇すること。

谷から山への上昇が早い人たちこそ、

この世の中で成功している人たちなんです。

谷での過ごし方で決まる

谷から早く浮上することが運をつくる基本となるのですが、

これができるかどうかは、

「谷の時期」をどう過ごすかにかかっています。

運がいい人とそうでない人の差が、ここで生まれているんです。

スポーツ選手って、どんなスーパーアスリートでもスランプの時期があるって言いますよね。体はどこも悪くないのに不調の時期があったり、同じチームに強力なライバルがいたりして試合に出られない時期があったりもするじゃないですか。

いわば谷の時期ですよね。

でも、その時期をどう過ごしたかによって、その後の活躍が違ってくるんじゃないかと思います。

少し前になりますが、サッカーの日本女子代表チーム＝なでしこジャパンが、ワールドカップの檜舞台で世界一になって日本中を感動させ、国民栄誉賞も受賞されましたよね。

前評判ではアメリカやドイツ相手には厳しいと見られていましたから、まさに運が味方して何度も奇跡が起き、頂上まで駆け上がったと言っていいと思います。

それをもたらしたのが、選手やコーチの皆さんが谷の時期を上手に過ごしたことだったんじゃないかと思うんですね。

女子の日本代表チームは一応世界の強豪に数えられてはいたんですが、男子の日本代表がすごく注目され、日本中から応援されていたのに対し、可哀想なくらい陽の当たらない場所に置かれていました。

国や企業のバックアップも少なく、遠征費も半分自腹という不遇な時代が長くあって、そういう厳しい時代にも耐えてやってきたのが澤選手や宮間選手をはじめとする、なでしこジャパンのメンバーだったのです。

苦労が報われたといえばそれまでですが、谷の時代にあっても日本の女子サッカーを何とか盛り上げたい、それにはみんながびっくりするような成績を出すしかないんだと、ひとり一人が情熱を失わずに不遇の時代を過ごした。

簡単なことではないですよね。
谷が深かったからこそ強烈な上昇パワーが生まれ、
一足飛びに階段を駆け上がり、
運の階段の頂上にたどり着くことができたのだと思います。

谷なんてなくなったらいいな
と思いませんか？
でも谷がないとダメなんです。

同じステージにいるからまた谷が…

「谷のおかげで運が上がる」

そういう話をさっきしましたが、わたし本当は、やっぱり谷なんかないほうがいいと思っています。

ずっと上がっていたいとか思ってしまうのです。

そりゃそうですよね、凹《へこ》んでいる時期とか失敗している時期とかいらないですもんね。（笑）

じつは、**心の階段を上がっていくと、谷の時期ってだんだんなくなってくる**んです。

同じ場所で上がったり下がったりしているから、

必ず谷があるわけですよね。

アップダウンの多い道をドライブしている感じです。


それは同じ高さにいるから起こること。

その段階でまだ心が学ぶべき課題があるってことです。


わたしの友達で、何度恋愛しても裏切られて別れ、痛い思いをしたのにまた同じような人を好きになって裏切られるという、同じ恋愛パターンを繰り返していた人がいました。

でも、彼女も考えるようになったんですね。

なぜ自分はそんなタイプばかり好きになってしまうのか、と。


そして、よく自分と向き合ってその答えを見つけたんです。

自分に自信がなくて相手にいつも依存していたことを。

で、ああそうだったんだとわかったら、なにかがカチッと切り変わった。
その後間もなく彼女は、すごく素敵なやさしい人と出会い、幸せな結婚をしました。
自分に足りないものがわかったので、一段上の山に登ることができたんですね。
心の階段を上がることができたので、運も上がったんです。

同じステージの山にいると、
一度は山の頂上に立ったとしても、そこからまた落ちてしまって、
似たような谷がやってくるんです。
それは**その段階で片付けなければいけない課題がある**ということで、
自分のなかで気づきが起こって、
学んでその課題を卒業できたら、
一段上のステージに上がれるってことです。

だから、学びが多くなってどんどん階段を上って行く人は気づきが早くなるので、谷に落ちる前に上の段に上がれるようになるのです。
また、たとえ谷に落ちても、心が強くなってくるのでそんなに辛くないし、気づきも多くなるので速攻浮上できるのです。

このあたりについてはあとでまた説明しますね。

なんで「谷」があるんだろう？

では、そもそもなんで「谷」なんかあるんだよ！ってことです。
これはまさに体感するためにあるんです。

わたしたち人間は、その比較対象があってはじめて、それがわかるようになる世界で生きていますよね。

昼は夜があるから存在します。

「ああ、今日は天気がいいなあ」って思うのは、雨が降って曇った空を知っているからです。

「ああ、健康ってすばらしいなあ」と感じるのは、病気になってご飯を食べることができないときがあったからなんです。

「あの人、お金持ちだよね」っていうのも、貧乏な人がいるからこそ比較できるわけです。

これはずっと昔でも同じ。村落には必ず村をまとめる「偉い人」がいて、それを囲む人たちがいたんです。

だからこそ自分という立ち位置がわかりますよね。

こんなふうに、すべてにおいてずっとわたしたちは、目に見えないことを感じて理解するために、どうしても**「比較」**ということが必要だったわけなのです。

そうそう、うちに犬がいますが、その子、わたしが甘やかしたせいでなにか欲しいときに「ワンワン」と吠えるようになっちゃったんです。

ドックトレーナーさんに相談したら嫌なことされたら、この子が一番嫌なことをしてくださいと言われました。

「そんな、かわいそう」とわたしが言うと、そのドッグトレーナーさんはこう言いました。

「うちの子は爪を切られるのがいやなんですが、悪さをしたら爪を切るようにしたんです。そしたらぴたっと治りました。

そうして『我慢すること』を覚えたんです。我慢を学んだから、いいことをしてオヤツをもらえるときの喜びが大きくなるんです。なにもしないでオヤツをどんどんもらえたら喜びも小さくなってしまいますよ」

そう、犬の世界でも比較によって学ばせるわけです。

だから、運という実体のないものを感じるときに（神様がいたとしたら）、わざわざ【谷】という場所をつくったのではないかと思うのです。

谷がないと、運そのものの概念もなくなってしまうし、そうなれば人間は、上に向かいたいと思わないわけで、自分を磨いて向上しようとしなくなるからなんです。

運の土台をつくる

運の花は
どんな土に咲く？

2時間目

運の土台は「自信」でできています。
自信があると運がよくなる。
自信がないと運がわるくなる。
運の花を咲かせるには、
まず自信を持ってください。

運の花が咲く土壌

さて、運のしくみをわかっていただいたところで、
その運は何から生まれるのか、
つまり「運の土台」になるものは何か、というお話をしたいと思います。

いくら運を上げたいと思っても、
運の土台になるものがないと運は育ちません。
運の花を咲かせるのに必要な土壌があるんですね。
もちろん土壌があっても、そこに運のタネを蒔かなければ花は咲きませんが、
いくらタネを蒔いても、そこがやせた土地だったらダメですよね。

では、運を育てて上げていくのに必要な土壌、
つまり運の土台となるものは何かと言えば、
それは「自信」なんですね。

自信があるときは運がよくなります。
逆を言うと、自信が減ってくると
運がわるくなってくるんです。

けれど、ここで「だからみなさん自信を持ってください」と言っても、
言われて自信が生まれるなら、今まで苦労してないですよね。
それはそうなんですが、
でもやっぱり、まず自信が持てないとダメなんですよ。
だから自信をつくるんです。
まずはここから始めましょう。

自信のない人の谷には花やキノコが少ない

「いや、運が上がれば自信だって出てきますよ」

こう言う人もいるかもしれないけれど、
運の土台は自信で形成されているので、
自信がないところに運は生まれないし、育たないのです。

まったく自信のない人の『谷』は、作物が育ちにくそうな土地なんです。
だから**「気づきのキノコ」**がちょっとしか生えてない。
「気づきのキノコ」というのは、詳しくは3時間目で話しますが、谷から浮上するには心の成長が必要で、谷にいる間に思いがけずきれいな花を見つけたり、

「こんなところにキノコが！」という気づきが必要になるんです。

ところが、自信のない人の谷にはそのキノコが少ない。
だから、なかなかキノコが見つからない。
だから、浮上が遅くなる。
場合によっては、谷に住みついてしまうことになるんです。

自信がある＝運が上がる
自信がない＝運が下がる

これがぜったいの法則。
わたし、こう言いきってしまいますから、
「わたし、自信がないんです」という人には、
さっそく自信をつくってもらうことにします。

自信があるとなぜ運がよくなる?

「なにもないところからどうやって自信を?」

そう思うかもしれませんが、そんなに難しくありません。

「じゃ、その方法を教えて!」

すぐに答えが欲しいかもしれませんが、ちょっと待ってくださいね。

じつはノウハウ(やり方)を知っても

その背景を学んでないと、まったく身に付かないって知っていますか?

「なんと言えばものが売れるのか?」

よく営業セミナーなどの仕事で聞かれることが多いのです。

実際みなさん、てっとり早く答えを先に知りたいわけなのです。

でもね、わたしが何年もかけて山と谷を行き来しながら身に付けてきたことを、そんなに手っとり早くはなかなか自分のものにはできないんです。

だから、トークを教えるときも、

「なぜ、今動くほうがいいのか？」

「なぜ、人は迷うのか？」などと、
トークの背景にある奥行きのある意味を理解してもらうようにトレーニングします。

意味を理解できて、はじめて方法が使えるようになるのです。


と、話がそれましたが、ということでまず最初に、

「なぜ、自信を持つと運が上がるのか？」

と考えてみてください。

自信のある人とない人はこんなに違う

なぜ、自信があると運が上がるのだと思いますか？
これ、自信がある人とない人の行動や態度を比較して考えてみるとよくわかるんです。

自信のある人をイメージしてみてください。
どんな態度ですか？
どんな表情ですか？
どんな歩き方ですか？

たとえばのイメージを書いてみますね。

（すべての自信家がそういうわけじゃないけれど）


笑顔が大きい。

堂々としている。

顔を上げて歩く。

人の顔を見て話す。

目がキラキラしている。

声が大きい。


などですかね。

そして、自信があるとどんな行動になるか？

自信のある人は、きっと自分が好きですよね。

自分に意識が向くので、ファッションや髪型を気にするようになり、さらにかっこよく、きれいになっていく場合も自信がない人より多いと思います。

それに、人の集まるところによく出向くようになるし、意見を堂々と言えるようになったりもする。

そうなれば出会いも情報も多くなり、だからこそ、「こんなことやってみない？」というお誘いや「へ～こんな面白いことがあるんだ！」という発見がやはり自信のない人の何倍もある。おのずと挑戦の数も増えてきます。

挑戦の数が多いのだから、たとえ失敗もたくさんしたとしても**「それを学んだ」という経験値**がどんどん積み上がります。

だから人間として成長が早く、結果を残せるような人になっていける。

だから、運がいい人になるんです。

逆に、自信のない人はどうでしょうか？

自分の外見にも自信がないので下を向いて歩いているかもしれない、

人の顔を見て話ができないかもしれない、

自分を飾ることなく地味に、目立たない格好をしてしまうかもしれない。

人の集まるところには行かないので、出会いもなくなってしまう。

どうせ自分なんか何をやってもダメだからと、新しいことにチャレンジすることがほとんどなくなってしまう。

行動量が少ないので経験値が積めない。

そして、結局なにもやってないので、結果を残すこともない。

だから、運がない人になってしまう。


もちろん、自信のある人だって転ぶことはありますよ。

そのまま自信過剰になって「わたしって天才！」となりすぎてしまうと人を見下したり、できない人の気持ちがわからなくなってしまうので、他の面（とくに人間関係において）で谷での強化合宿をしないといけない場合が多くなります。

でも、さっきも書いたように、
感謝の階段を上がれる人は、けして自信過剰にならず、
「これは自分の力だけじゃない、みんなに感謝して還元しよう」
と思えるので、強化合宿は必要でなく、さらに向上していきます。

あと、「自分の行動結果」によって「運のない人」なってしまった人が、

「運がないせいだ」

と自分の行動を振り返ることなく棚にあげ、運のせいにしちゃうとこれ、もっともダメなんです。

運にしてみたら「え、僕なにもしてないよ」と気分がよくない。

「そんなこと言うなら、もう君のところにいくのはやめよう」

と去っていってしまうのです。

つまり、自業自得の結果を運のせいにしたら100%運に嫌われます。

だから、これだけはやめてくださいね。

自信があると、行動が変わる。
そして、結果が出はじめても驕《おご》らず、感謝につなげていく。
これが大事、これが運をつくる土台なんです。

自信を持つのに
理由はいりません。
「根拠のない自信」が
持てればいいんです。

自信は行動から芽生える

ということで、なぜ自信を持つと運が上がるのかという背景を理解できたところで、自信をつくっていきます。

「なんの根拠もないのに、いきなり自信が生まれる？」

そう思いますよね。

でも、考えてみてください。

なにも結果が出てない時点で、はじめから根拠いっぱいの自信を持っている人なんていますか？

いませんよね。

できるかな？

できないかもしれないけれど、できるかもしれないなあ。

いや、できると思うな。きっとできるよ！


こんな根拠のない自信こそが、すべてのスタートだったりするのです。

だから根拠いりません。根拠ゼロ、根拠マイナスだっていいんです。


じつはわたしは、小さい頃から、ずっと引っ込み思案だったし、いつも下を向いて、人の顔見て話すのもダメで、緊張して人前でご飯を食べることができないほどの人見知りで自信のない子でした。

そんな子供時代のわたしが、だんだん大人になるにつれてちょっとずつ変革するのです。

そして自信を持てるようになります。

そのすべては行動からなんですよね。

わたしの4つ上の姉は優等生で、わたしとは正反対の性格だったんです。スポーツだってなんでもできるし。

けっこう憧れていたんです。おねえちゃんかっこいいなあって。

そんなわたしはやっぱり自信はゼロなわけで、自分から「○○をやってみたい」などとぜんぜん思えないのです。

だから、わたしの唯一の判断基準は「おねえちゃんがしていること」をひたすら真似する、これだけだったんです。

結果、これが好転につながっていくんです。

真似から「自信の素」が生まれる

最初の真似は中学の頃。姉がバレーボールをやっていたのですが、なんの興味もないわたしが、ものすごく勇気をだしてバレーボール部に入ったんです。

まあ、無謀ですけどね。（笑）

なぜって、運動神経がことごとくないので、最初は何もかもがしんどいわけです。

でもね、毎日、下手くそでも続けていたら、かちっと音がするように人生の段階が明らかに変わったんです。

ほんとうすごい変化でした。

まず友達が変わってきました。

運動部系の積極的な人たちが周りにたくさんいるようになったんです。

そしてわたしは、そんな明るい友達といると楽しくて、真似しているつもりはないのだけど、今度はそういう人たちに声とか話し方が似てくるわけです。

そうしたらね、また周囲の反応も変わってきますよね。

だって周囲はその時点で、もうわたしを過去のおとなしい、暗い人とはまったく思ってないんですから。


振り返って考えれば、自信のなかったときは、

「わたしなんか暗いし」「わたしなんか好かれないし」「わたしなんかと一緒にいても楽しくないだろうし」って、ずっと自分で思い込んで決めつけていたんです。

そして、
そう思っているからそういう行動になって、
そういう現実を引き寄せていたのです。

そんなのは幻想だったんですよね。

とにかくわたしはそんなふうに真似をすることによってだんだんと自分が前より好きになれて、自分もまんざらではないなあと「自信の素」を手にしていったのです。

そして、わたしの人生はどんどん好転していったのです。

そう、すべては「真似」から始まったわけです。

自信のありそうな人の真似をするだけで、自信って生まれるんですよ。

運は上がって当たり前！
太陽を見上げて生きるように
人はできているんです。

「幸せになりたい！」の本能が大事

もうひとつ、これは自信と密接につながっているんですが、運をつくる土台として大切なのは、心の動きです。

「もっと幸せになりたい」

という心の動機をもっていないと、運は育たないんですね。

人は誰でも成長して幸せになるために生まれてきたのですが、そうなるためには、まずは、「幸せになりたい」という本能の欲求みたいなものが必要なんです。

そういう欲、つまりは、

「山に登りたい、上に上がりたい」っていう動機がないと、人ってなにもしなくなるんです。

気力のないときとかってなにもしたくなくなるでしょう?

もういいや、もうダメだ・・・的になると心もからだも動かなくなって、重くなって下がってしまう。

生きる意味を見失ってしまうわけです。

こうなると、運が育つ土台が失われている状態ですから、どうにもなりません。


でも、ご心配なく。

人には生まれたときから、「生きたい!」というキラキラした願望が遺伝子に組み込まれているのです。もともとね。

自然と明るい方向に顔が向くように、

太陽は上にあって見上げる位置にあるんです。

「生きたい！」と思うだけで運は上がる

運気上昇、運気UPって「上がる」ってこと。

太陽の方向に向かって、わたしたちがつながっていくことなのです。

だから、この世界に生まれてきて、

「生きたい！」と思うことができさえすれば、運って上がるんです。

「そんなのウソだ！」という、今苦しくてどうしようもない人がいるかもしれませんが、なにか圧倒的な環境の悪さや絶望的な状況に押しつぶされていると「生きたい」と思わなくなってしまって、上昇することを次第に放棄してしまうことがあるのです。

死んだように生きることになるからです。

そうなると谷での滞在時間がものすごく長くなってしまうので、必ず運は上がるようになっているということが、ぜんぜん信じられないことになってしまうのです。


何日もがれきの下敷きになって、それでも生きて助かったという奇跡を起こすような強運な人がいますよね。

同じ状況で死んでいった人との違いは、

「生きたい」という願望の強さです。

それが原動力になって運を上げていくのです。

重りを捨てないと上がらない

なので、運がいいなあと思うときに、
より自分を磨いたり、より学びを多くすると、
さらなる高い山脈ラインに上がっていける。
運が悪いなあと思う「谷」のときに
悲しみや辛さを感じながらも、
「これからちょっとずつよくしていこう」と上を向いておけば、
次第に上昇して山に登っていくことができるんです。

運って生き方そのものなんですよね。

言い換えれば、運をよくする方法なんてすごく簡単だってこと。

自分次第、自分でなんとかできるのです。

残念なことにずっと運が悪いと思っている人は、ついてないときの過ごし方が悪いだけです。

なんだかじめじめした天気が続くような重苦しい空気のなかで、困った顔して、力なく歩いて、かぼそい声で話すようになる。

いかにも**「運がわるそうな人」**をやってしまう。

そうすると身体に重りがついてしまって、どんどん地面にめり込んでしまうようになるんです。

気球って重りを一個ずつ外しながら上昇するでしょう?

だから重たい気持ちを抱えているとぜったいに上昇できない。

そんなしくみになっているのが「運」というものなのです。

誰にでもある5つの財産

「自信や幸せになりたい気持ちが大事なのはわかりました。でもそうはいっても、手持ちのカードさえないんです・・・」

と嘆く、自称「運のわるい人」がいるかもしれません。

でも、カードを持っていないはずがないんです。

まず「生まれたこと」そのものが超ラッキーな確率ですよね。

今、あまり楽しくなくて「生まれてこなきゃよかった」なんて、ぜったいに思わないでください。

それを思う前に、まず「**自分が持っているカードを使いこなせているのか？**」と考えてみてほしいのです。

わたしは以前営業のお仕事をしていて、その経験を本にしたことで、今では営業のカリスマなどと言ってくれる人もいますけれど、もともとはもうぜんぜんダメな、みじめで売れない人間だったんです。

親がお金持ちとか、天性の美貌を持っているとか、ピアノがうまいとか、そういう才能のカードを一切持っていなかったわたしは、けっこう拗《す》ねていたんですよね。

なんでわたしは、なんも持ってないんだって。

でも上司にこんな話を聞いたんです。

「タレントって意味は『有能』ってことだけど、そういう生まれもってタレント性みたいなものを持っていなくても人間の能力、可能性っていうのはすごいものなんだ。自分の人生を『ああ、最高』って思えるようにするには、生まれながらにすべての人に平等に与えられている５つの財産を使いこなすんだ」

それを聞いてからわたしすごくわくわくしてきたんです。ああ、自分にも可能性はまだまだあるんだなって。

だってわたしはそれまでの人生、ぜんぜんこの5つの財産を使いこなしていなかったんですから。

それで、意識して自分の財産を徹底的にわくわくしながら使うようにしたら、どんどん人生が上向きになっていったんです。

では、そのとっても大事な5つの財産について説明しますね。

①時間

人生においてもっとも貴重な財産は時間です。

時間は買うこともできません。貯めることもできません。

でもこの時間を使って勉強したり身体を鍛えたりなにかに没頭したり、お金を稼ぐことだってできます。

今、息を吸っているこの時間もなにか心配している時間も、すべて自分の財産なのです。

どうやってこの財産を使うかによって当然人生は変わってきます。

②活力・エネルギー

余力を残してやろうとなんていうのが、そもそも間違い。

元気がいいってことは生きているってことなんです。

「こんにちは！」って明るく大きな声で元気よくやること。

このエネルギーをとことん使うことで人生が明るくなってきます。

声なんか出してたら疲れる・・・とか言う人いるけれど、じつはこのエネルギーは使えば使うほどにどんどん増えて出てくるものなんです。

③集中力

レンズみたいなもので一点に集中すると火がつきます。

同じように10の能力を持っていたら、それをすべてひとつのことに使うとやはりそこにも火がつくのです。

でも、あれこれと心配したり、あっちもこっちもやりたいことがバラバラになってくると能力が分散してうまくいかないのです。

④ 技術

これは、今まで生きて人生のなかで身につけてきたものすべてです。
生まれたときは歩けなかったのに今では歩けるし、車の運転だってできるかもしれません。
好きな作家の作品に詳しいとか、
サッカーが好きで選手に詳しいとか、
仕事で学んだことすべて（失敗も苦手な上司の存在も含めて）、
あるいは人を愛した経験も悲しい出来事を経験したことすべてがあなたの持

っている技術です。

こんなこと誰もが持っているとか、たいしたことないなんて本人が思ったら、財産を自ら捨てているのと同じです。

ただ、この技術はとことん磨くと光るので、もしかしたらまだまだ磨き足りないだけかもしれません。

⑤想像力

空を飛べたらいいなという思いが飛行機をつくりました。

そして今では瞬時にグーグルアースで世界中を空から見下ろせるようになりました。

人間の想像力って本当にすごくていろんなものを現実にできるんです。でもこれは諸刃の剣。悪く使うと欲しくない現実を生み出してしまいます。

たとえば30㎝の板を地面に置いてそこを歩いてくださいと言うと誰でも歩けます。でもこれ地上30ｍのところにあったらどうですか？って聞くとみんな、

「それは怖くて歩けない」って言いますよね。

怖いんです。落ちたらどうしようって想像するからです。

このひとつの例をみても、人間の想像力ってすごいものを生み出す財産なんだってわかると思います。

あなたが何を想像するのか？

それによってこの財産を生かすことも殺すことも可能なのです。

これが「5つの財産」です
あなたはこれらの財産を今、使いこなしていますか？
ようは、なにも持ってない人なんていないわけなんです。
みんな平等に持っているものをうまく使えるか使えないか、の差です。
だから、自信を持ってください。上を向いてください。
それだけで、運は上がるんですから。

3時間目

「運の階段」の上り方

運を上げていくには
コツを覚えてください

「わくわく」している状態が
続くことが「運がいい」ってこと。
わくわくしていると、
「運の山登り」も
スイスイ行けるんです。

わくわく登れば辛くない

「運のしくみ」のところで、谷を知らずにずっと運の階段を上っていく人もいると言いましたが、そんな人たちの共通点は、いつも「わくわくしている」ってことなんですね。

でも、普通、山を登るイメージは「わくわく」となりますか？登山している人は当然「はい」と言うと思うのですが、普通はしんどい、苦しい「もういやだ」って思ってしまうこともあると思うのです。

ダイエット中って食事制限をしたりして基本辛いわけです。

しんどいしんどいと思って山を登るとわくわくできないので、途中で登り続けることができなくなってしまいます。
そしてダイエットの挫折。

この場合、谷からそう離れてないところで谷に戻ったので、
すごく上がった感もないかわりに、すごく落ちた感もないんです。
しかし、結局は「谷」にいるわけです。
だから、とくに悪いことがあったわけじゃないのに「人生つまんないな」となってしまったり、自分のことがどんどん嫌いになって、ますます自信がなくなったりするのです。

そうすると、さらに下の階段に下がる場合もあれば、同じ谷で面白いことも、変わったことなく退屈に生きる場合もあります。

でも、ダイエットで成功して痩せた自分をイメージしてわくわくしていたら、

食事制限は苦しいけど、わくわくした気持ちが勝っちゃうんです。
そうすると、山をスイスイ登って、どんどん頂上に近づきます。
そして達成します。

ピアニストになるまでの練習は、周囲からはしんどそうに見えます。
でも、「こうなりたい」という欲がつよい場合は、ピアニストになってステージで弾いている自分の姿をイメージしてわくわくしているので、練習は大変だけど「楽しい」気持ちが完全に勝るのです。

夢を実現させた人、つまりは、
運がいい人たちは、
そうやってわくわくすることを原動力にして
楽しく楽に、山を登ってきた人たちなんですね。

山を登りきる前に
次に登る山を見つける。
「運の山脈」を
登り続けるイメージです。

一段上の山へジャンプするには・・・

谷に落ちないでずっと登っていくこともできる。
そう言いました。
これは山から山へぽーんと飛び上がってしまうということなんです。

ひとつの山の頂上にきたら、
そのてっぺんはもっと上の段階にある山の麓につながっています。
だから、山を登っているときに次の山が見えたら、
もうちょっとで登り切って頂上だというあたり、
頂上のちょっと手前で、
もっと上にある次の山に登ることをイメージする。

すると、わくわくが倍増します。

そうなると次のわくわくにすぐシフトできるから、
ひとつ達成してもその山を下りないで、
また次の山をわくわくと上がり続けることができるんです。

「ちょっと手前」というのは、
加速度をつけるタイミングがあるからです。
加速度をつけてガケからジャンプするハンググライダーのイメージです。
そうしたら、さらにこのわくわくした高揚感を続けることができますよね。
そしてこれこそが「運」の本質だとわたしは思っているんです。

次の山が見えてくる

わたしが強運だと言われるのは、営業で「世界第2位の成績」っていうのがあるからなんですが、そもそもなんでこんな特に際立ったところがない普通のわたしが、とてつもない結果を残せたのかってことですよね。

もちろん他の営業の本にも書いているように、話し方とか考え方とかいろいろ努力もしたのですが、そういうスキル的な部分なら、わたしよりもできる人はたくさんいたんです。

でもわたしが彼らよりも結果を出すことができた（日本では1位）のは、まさにこれです。

いつも次の山、上の山とずっとわくわくの斜面を登っていたからなんです。

でも、他の人は頂上にたどり着いたら、いったん休憩したくなるというか、「ばんざ～い、登ったぞ！」と両手を上げて飛び跳ねて喜んでいました。

もちろん、頂上でほっとしたり、喜んだりしてもいいんです。

ただ、気が抜けてだらだらしたり、感謝を忘れて天狗になりすぎたりすると、うっかり足をすべらせてコロコロと落ちてしまうことが多いんです。

頂上は狭いですからね。

で、落ちているときって、落ちていることに気づかないんですね。

下りは上りより楽ですから。

そうならないようにするには、頂上でちょっと休んでいるときも、それまでのわくわくした気持ちを持続させておくのがコツなんですね。

そうすると、自然に目線が太陽のある上のほうにむいて、もっと上にある山が見えてきますから、「まだこの上に山があるんなら、もっと上まで登ってみたい」という気持ちに自然になってくるんです。

だって、それまでの山登りだって、わくわく登ってきた人にはちっとも辛くないんですから。だったら、もっと上を目指そうって気になりますよね。

この上昇という山は自然の山ほど厳しくありません。がんばらなくたって、楽しんでさえいればスイスイ上っていけるってこと。それが運の階段を上っていくコツなんですから、ぜんぜん辛いことなんかないんですよ。

わたしは営業時代、こういう流れのつくり方を

「目標は山脈だ」と言っていました。

「もうすぐ頂上だな」と思うあたりで、必ずその先にある山を見据えて、「次はあの山にしよう」と思ってやっていたんです。

そうするとひとつの達成は、ひとつの通過点になります。

そう思うだけで、わくわくした高揚感、つまり、運の階段を上っているエネルギーの高い状態を維持できるし、結果も出し続けることができるからです。

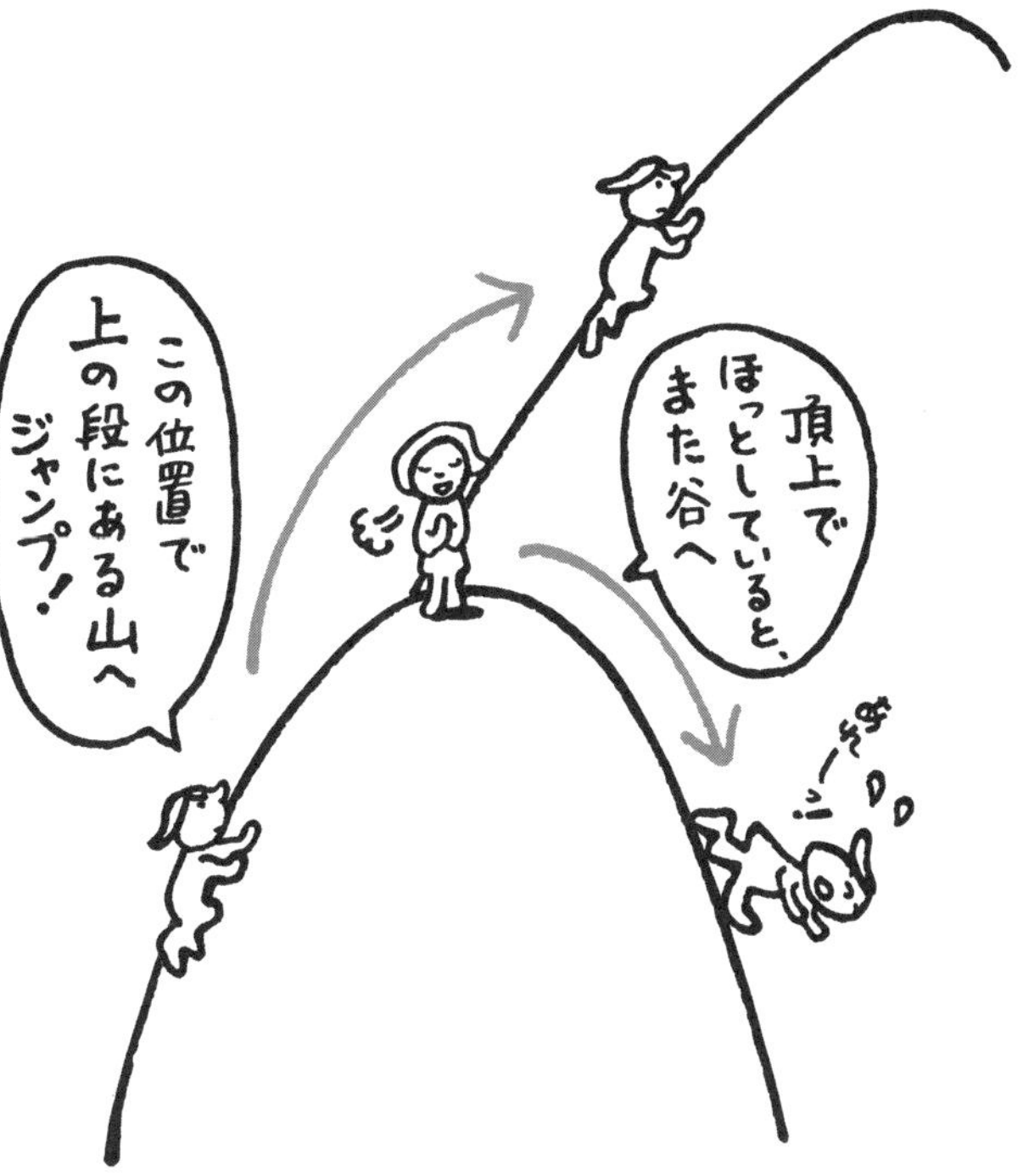
この位置で上の段にある山へジャンプ！
頂上でほっとしていると、また谷へ

頂上に着く前で、もっと上にある山に目標を移すのがコツ。達成感にひたらず、一気に飛んで行くイメージです。

運がいい人は
ゴールをしない人。
休まないで、
次の山に挑戦する人なんです。

ゴールまでの「プロセス」にわくわくがある

そういえば、人生初の出版で、段ボールの箱の中に入って本が届いたときのことです。

本をつくっている最中から出来上がるまではすごくわくわくしていたのに、完成した本をみたら逆に、しゅるしゅると風船が萎《しぼ》むようにわくわくが一気になくなりました。

自分の本が初めて完成したというのに「ばんざーい」という感じにはまったくなれなくて、その代わりにわたしの心に沸き起こった感情は「ここからどうしたらいいんだ?」というものでした。

どうやら、次の山のイメージがなかったので不安になったようです。

だからこそ、段ボールを横目で見ながらどうにかわくわくを持続するために、早く次の山を登ろうって決意したんです。
わたしにとってのわくわくは『完成』ではなく、完成するまでの『プロセス』にしかないのです。
このときすでにそんな「生き方」が、わたしの中に定着していたようです。

運がいいって、
やっぱり「わくわくすること」が持続することなんじゃないかなあと思います。

お金が入っても気分がいいけど、褒められても気分がいいけど、
自分がやっていることが、今なにより楽しいってこと。
心の真ん中にある自分の中心から熱みたいなものが溢れている感じがあって、
今まさに「生きてる!」って実感できる人こそ、
最高の「運」を持っている人たちなのです。

わくわくがあれば苦しくない

だからね、**運がよくなるって挑戦を続けること**なんです。

つまり学び続けるということ。

坂道はちょっと息苦しいことがあるんじゃないかと怖がる人もいるけれど、いやいや、登ってみたらわかります。

わくわくしているとちっとも苦しくないのです。

エスカレーターに乗っているようにスイスイと上がっていけるのです。

だからこの状態は「必死でがんばっている」という状態ではけしてなくて、「夢中になっている」状態なんです。


ノーベル賞の先生方も、何度やっても上手くいかない実験を繰り返しながらも、けして「もうダメだ」とならない。

つまりは、その研究に夢中になっているのです。

そして、ノーベル賞をとって大きな評価を受けても、また次の研究をほぼ同時にスタートされていますよね。


運がいい人は、みんな「ゴール」してもまた次のゲームを始めるんです。

ひとつひとつのゴールは俯瞰してみれば途中の駅のようなもので、人生の旅はずっと続くのです。

それが「生きている」ってことだから。


そして、なかなか頂上が高すぎて途中で下山してしまうことを、「あきらめる」というのです。

人生に谷がなければ
ずっと運がいいわけではありません。
山を登るために谷が必要なんです。

谷があってよかった！

もちろん、わたしも山を登り続けたわけではなく、その後も大きな谷に落ちてしまうことが何回もありました。

知らぬ間にずるずると滑って落ちたときもあれば、頂から足を踏み外して、一気にどすんと落ちたこともあるんです。

いや〜痛かったですね。

でも何度も谷に落ちた経験は、今のわたしにとっては非常に貴重なんですね。すごく得るものがあった。大きな気づきもあった。

だからやっぱり谷の時期があったから、今のわたしになったんだなあと思うのです。そういう意味で、じつは谷ってすごく大事な役割を担っているんです。

大きな事件があったり、すごく辛いことがあったりということは、みんなどうしたって避けたいので、風水で方位をみたり、厄払いをしたりと人はずっと昔から「災難」から逃れようとしてきました。

わたしが会社を創業して事務所を間借りしていた当時、隣で人材紹介などの事務所を経営されているBさんという方がいました。

愛想のいい方だったのですが、ある日無免許運転で逮捕され、実刑となってしまったのです。無免許で実刑とはびっくりですが、それまでの交通違反歴があると実刑になるのだそうですね。

で、Bさんはそのときどうしたと思いますか？

自分がわるいのはわかっていても、なんとか実刑という「災難」だけは逃れたいと占いを信じ、「北の方位にいけば、身をかくし災いから守ってくれる」

というお告げに頼ったんですね。

それで、実刑になるかどうかの瀬戸際のときになんとアラスカまで行って、その方位の気をとるために温泉につかりにいったのです。

すごい行動力です。なんでもやってみるという行動力はたいしたものですが、結局、実刑になって刑務所に行かれました。

自分の過ちから降りかかった災難からは、逃げることができなかったんです。

でも、出所されてきたあとは「一生運転はやめておく」と固く誓っていらっしゃいました。

そして、なにかを取り戻すかのように以前よりお仕事を熱心にされて、わたしがその間借りの場所を出た直後に、Bさんもご自身の事務所をお持ちになったと後にうわさで聞きました。

身から出たサビとはいえ、たいへんな思いをされたわけですが、その「災難」があったからこそ、人生はその後大きく前向きに変化したのは事実なんです。

Bさんにとっての「最悪の時期」、つまりは「谷」は、じつは、さらなる上のステージへ上がるために必要だったのです。


よく、病気になってから家族を大事にしはじめたとか、事業に失敗してから人を大事にするようになったとか、そんな話は世の中にほんとうに山のようにありますよね?

それはどうしてでしょうか?


その人がなにか大事なことに気づくために、比較としてその「裏」を見せられているのだと思うのです。

わたしたちって自分の住んでいる場所さえ、温暖化が深刻な問題になるまで汚し続けたわけで、問題が起きないと気づけなかったのです。

心が成長して、なにが一番大切なのかを知るために谷が存在するのです。

谷があるのは学ぶため、
谷は学びの嵐です。
谷で学んだら１００％上昇します。

谷に行ったから「わかるようになる」

上の段階へアップする方法は心（精神的側面）の成長によるものなんですが、じゃ、どうやって人って心を成長させることができるのかって考えてみると、やっぱり**恋愛成就ではなくて、失恋のほうが大きく学べる**んです。
健康なときより、病気になったときのほうが学びが大きいんです。

なぜって、心の成長っていうのは、
「あなたがわかるようになる」という状態だからです。

わたしの友人でお子さんに障害がある人がいます。
その人は経営者でけっこう社会的にも地位がある方だったのですがとにかく

元気でワンマンな方。「仕事のできない社員はただの給料どろぼう」とか言っていた超やり手だったんです。

でも、障害のあるお子様が生まれて、他の子が普通にできることが自分の息子にはとても時間のかかることだったりして、最初はなかなか愛せなかったことで苦しんでいたそうです。

それでも、次第にその子のできない部分よりも、純粋でピュアな心の美しさを見られるようになっていったそうです、
その時、同時に社員への態度が変わったのです。

「僕は、出来ない人間をくずのように思っていた。けど、それなら息子もくずなのか？　彼にも素晴らしいところがたくさんあるじゃないか、と。

一生懸命にやっているその人のよい部分を見れるようになったのです。そん

な気づきをたくさん息子からもらって、今があるのは、息子のおかげです。学ばせてもらいました」

とおっしゃっていました。

今では会社もさらに大きくなって積極的に障害のある人を採用されています。こんな風に谷のときは、人生にとって大きな学びがやってきて、だからこそ、大きく上昇できるのです。

見える部分として仕事がすごくできても、
才能が飛び抜けていても、
がんばって努力によって成功したとしても、
見えない部分にある心の成長度合いが、
その状態にふさわしくないと谷に行って学ぶ。
そして、谷で学んだら、

もうぜったいに１００％上昇するようになっているんです。
谷というのは「学びの嵐」なんです。

谷から山の頂上に向かって
上がっていくことは、
「感謝の階段」を
一段ずつ上がっていくことなんです。

気づきのキノコ

悲しいことや辛いことがあって谷底に落ちたとしても、そこは平たい大地なので、案外居心地がよかったりする人もいます。

たとえば、病気になって急に周囲にやさしくされて、それが心地よくなってしまうのです。だから、谷で生きて行くことを自ら（無意識に）選んでしまう人もいるわけです。

ただ、状況は辛いままで、なんの解決もしていないので、そこの場所にいたままでは夢が実現するなんてこととはほど遠くなってしまいます。

だから、「どうせ病気なんだ」とか自暴自棄にならずに、

「いったいなんで自分がいまこの谷に降りてきたのか？」

「なにを、学びにきたのか？」

と必死で考えないとダメなんです。


そうすると見えてくるんですよね、自分の心に足りなかったことが。

もちろん谷に降りた瞬間は「なんでこんな目にあわないといけないんだろう？」という恨みや悔しさみたいな感情に襲われてさらに苦しくなります。

でもそこで「しんどい、しんどい」となると、余計に心が重く暗くなってしまって上にあがれないのです。だからこそ、

「なんのメッセージなのか？」

「なんの学びなのか？」ってその意味を考えるのです。

苦しんで重くなるのではなく、考えて学びを見つけるのです。


なぜ？と考えていたら、暗かった谷底にも目が慣れて見渡せるようになってきます。

そしたら、**あちこちにキノコが生えていることに気づきます。**
そのキノコが「上がる」ヒント。
谷に落ちて何を学んだのかっていう気づきです。
転んでもただで起きなくていいんです。
落ちたら落ちたところに宝物があるわけです。
どんどん食べてください。

感謝の階段

学びの嵐がやがてやってきて、その意味を知ることができたら、もう心がずいぶん成長したので、すっきりして『病気になったおかげで人の痛みがわかるようになった』などと、その出来事や事実を肯定できるようになっていきます。

すると心がだんだん軽くなって、

明るい山の上を見上げることができます。
そうなれば上昇の準備オッケーです。
そう、あとは「上がるだけ」です。

上昇の階段はなんでできているかというと、
「感謝」で出来上がっているんです。
ようは**「ありがとう」をたくさん見つけること。**
それが上に上がって行く方法なのです。
日常の当たり前に「ありがとう」を言い続けることで階段を上がれるのです。

運がいい人は、
やっぱり感謝の回数が多い。
つまりは「感謝の階段」を駆け上がっているんですね。

3時間目の授業のところで、頂上で浮かれているときに足をすべらせて谷に落ちてしまうことがあるから要注意という話をしましたが、それも有頂天になってつい感謝を忘れてしまうと起こることなんですね。

だって感謝の階段を上ってきたんですから、感謝を忘れて自分ひとりで頂上に立ったみたいな気になっていると、やっぱり階段からすべり落ちてしまうのです。

でも、大丈夫。そんな人でも谷でまた「気づきのキノコ」を拾って感謝を学んでくれれば、もう一度スイスイと頂上を目指すことができるんですから。

ようは、**運の階段は感謝でできている**んだってことを忘れないこと。

忘れてしまったら谷に落ちていきますが、それは感謝を取り戻すために落ちるだけですから、またキノコを拾って登り直せばいいだけなんです。

場合によっては、谷まで落ちずに山の斜面で踏みとどまって登り直すことだってできるんですから。

運が悪いんです・・・という人に「なぜ?」と聞くと、たいていは、「あれがないから」「これができないから」と、本人に足りないことばかりを並べて「だから、運がないんだよ」と言います。

けれど自分で「運がいいほうです」と言う人に「なぜ?」と聞くと、「仕事がある」「健康だ」「ご飯がおいしい」と、目の前のことから幸せを探すのが上手なんです。

でもそれは「運が悪い」と言っている人も持っているものなんです。

ちょっと考えたらわかることなんですが、

「ない」＝「マイナス」で、

「ある」＝「プラス」なんです。

階段を上がっていくときは、一段、二段と「プラス」していきますよね?

下がる時は「マイナス」していくのです。

運が悪いという人は「ない、ない」と言っているので、
マイナスの作用が働いて、階段を下がってしまいます。
だからほんとうに運が下がってくる。
でも、運がいいと言う人は「ある、ある」と言っているので、
プラスの作用が働いて階段を上っていくことになるのです。
だから、ほんとうに運がもっとよくなっていく。
そして、そのために必要なことが、当たり前なことに、
「ありがとう」を言うことなんです。

いつも、お母さんがつくってくれる食事を当たり前に食べている人がいます。
会社には自分の席があるのを当たり前だと思っている人もいます。
今日、元気に目覚めることができるのも、
みんな当たり前だと思っているのです。
けれど、それらはけして「当たり前」ではなく、

毎日もらっている幸運であり、神様からのギフトです。

私たちは、ついつい「ありがとう」を忘れてしまいがちです。

今当たり前にもらっているもの、今ここにあるものに感謝をしたら、「運の階段」を上がれるのです。

感謝の回数が多いと、駆け上がれたりもするんです。

谷は、心の筋肉の強化期間です。
いつもの二倍やらないと
結果が出ません。
しんどいけれど、
それをやったら必ず上がれます。

谷で「もっとできる自分」をつくる

「谷での過ごし方で決まる」と、前の授業でも言いました。

谷にいるときはすごく心が強化トレーニングを受けるというか、強化合宿中みたいな状態なんですよね。

心の筋力をかなり鍛える時期ってことです。

どんどん上がっていく位置で出している力で出せる結果が、谷にいると同じ力では無理、同じ結果を出すためには二倍くらいやらないといけないという状況になるんです。

「いつもならこれくらい勉強したら結果だせるのに、ぜんぜんダメだった」

という感じです。

なんだか非常に歯がゆい状態です。

でも、これってかなりのチャンスですよね？

谷にいるからこそ、いつもと同じ結果を出すために二倍の勉強をする機会が持てるのです。

普通だったらしないことをやらなければ、谷からは脱出できません。
でもそれをすれば、谷の時期があったおかげで、
「もっとできる自分」が生まれます。
そうやって鍛えた自分が、ようやく頂上に向かって登り始めるときは、
二倍も結果を出せる自分が生まれているのです。

だから**谷にいるときは、いつもの二倍やってみる**んです。
「え～しんどい」と思わないでくださいね。

どうせ上がるんですから。
必ず上がれるんですから。
そのときに、どれくらい加速度がつけられるかが決まるんです。
こんなチャンスを逃したらもったいないですよ。

キノコをたくさん拾って登れば、
山を登るのなんてカンタン。
しんどい思いはしなくていいんです。

「気づきのキノコ」は山の斜面にも

谷で気づきのキノコを食べて体力をつけたらいよいよ山登りです。と言うと、「谷でしんどい思いをしたのに、そこからまた頂上まで登っていくのはやっぱりしんどいよー」

と思うかもしれませんね。

じつは、谷で気づきのキノコをたくさん拾った方は、そのキノコをかごに入れて背負って登ることができるんです。

「そんな、余計にしんどいじゃないですかー」

いえいえ、谷に生えているキノコは強力な上昇パワーを与えてくれるスーパーキノコですから、食べた人の体力はそれまでとは比べものにならないんです。

このキノコを背負って、ときどき食べながら登ったらどうなると思います？
もうどんどん加速がついて、スイスイ楽に上がれるのです。
箱根駅伝で「山の神」と称される山登りのスペシャリストがときどきいますが、まさに「山の神」が味方についたように、一気に頂上まで駆け上がることができるんですね。

途中でキノコがなくならないかって？

ご心配なく。キノコは山の途中にも生えていて補充可能ですから。
谷でしんどい思いをしてキノコを見つけたあなたは、
すでにキノコに敏感ですから、気づかないわけがないんです。

山の途中でも「気づきのキノコ」を拾って、
もっとパワーをもらいながら登ることができれば、

そこからは、頂上行きのエスカレーターに乗ったようなもの。
加速が違いますから、頂上の手前でジャンプすれば、
一段上の山にジャンプすることも容易です。

谷に落ちる手前で
ブレーキをかけると、
谷の上に架かる橋が見えてきます。
その橋を渡って、
隣の山に移動することだって
できるんです。

客観視ブレーキ

谷の話をすると「落ちるのが怖い」とか「ぜったい落ちたくない」と思う人もいると思います。

わたしも、「谷は学びの嵐です！」なんて言いながらも、もっと落ちる手前で気づいて、どん底に落ちる前に浮上できたらいいなと思っていました。

でも、そんなことを考えていたときにふと気づいたんです。

そう言えば、どん底になりそうな失敗をしても大ごとにならなかったり、心の大けがにならず、軽症で済んだことがあったし、ショックなことがあっても1日くらいで切り替えて、なんとか立て直したこともあったのです。

そう「ちゃんと谷を回避したことも、過去になんどもあるじゃないか！」ってね。

つまり、これって**谷に滑り落ちるまえにブレーキがかかった**ということ。

スキーで言うと、エッジをきかせてぐっと止まる感じです。

だから、谷に滑って落ちる手前でなんとか止まることができたってことなんです。

でも、なんでこんなヒヤヒヤしたシーンで急ブレーキがかかったかってことですよね？

谷に落ちた経験のある方ならなんとなくわかると思うのですが、谷に落ちるときって、感情の制御がきかない状態なんです。

「ああ、どうしよう、どうしよう」とか、

「ああ、ダメ。もうダメだ」と焦っているとか、
「こうなったらどうしよう」
「嫌われているかもしれない」
「仕事がなくなるかもしれない」などと、
わるいことしか考えられないという被害妄想的になっているなど、
もう脳内100％ネガティブ状態なんです。
わくわく度はゼロです。

だから、急速に温度が下がって落ちていくのです。
いわゆるパニック状態ですよね。

だから、斜面をすごいスピードで急降下していることに気づけないのです。

でも、ネガティブ100％になる前に、もっと冷静になって気づくことがで

きたら？
「あ、落ちている！　ブレーキかけよう！」って。
もっと冷静になればわかることなんです、すごくカンタンなことなんです。
ただ、パニックになっているから、そんな簡単なことがわからないだけです。

たとえば、洋服にケチャップをこぼして、「ああ、どうしよう」と凹んでいても仕方ないわけです。
悩んでいる間にケチャップはどんどん染み込みます。悩んでいるだけでは何の解決にもなりません。

でもここで、「どうしよう、どうしよう・・・」ではなく、
「どうしたらいいだろう？」と先のことを考えることができたら、
「次になにをしたらいいのか」が見えてくるんです。
「あ、とにかくケチャップを拭いてシミ抜きしよう！」って、

何をしたらいいのかわかるんです。

自分がどうなりたいのか？


まず、自問することで見えてきます。

泣きたいのか、シミを取りたいのか、どっちなのかってことが。

そうやって自分を客観的に見えるようになると、
次になにをしたらいいのかわかってきます。

こうなればもう、100%ネガティブな自分はいない。

冷静になって物事を客観視し、感情に翻弄《ほんろう》されない正しい行動を選べるようになっているからです。

ということで、わたしはこれを
「**客観視ブレーキ**」と呼ぶようになりました。

反省したり、やり方を変えたりして谷で学ぶようなことも、その手前の時点で学ぶことができるのです。

谷に架かる橋

エッジを効かせてブレーキをかけたところで、そのままじっとそこに止まっているわけにはいかないですよね。

かと言って、なだれ落ちてきた斜面をよじ登ることはできません。

それは「過去に戻る」ということなので、物理的に同じ道をたどることはできなくなっているんですね。

「谷には落ちたくないし、頂上まで道を戻ることもできない、じゃあ、そこからどうすれば？」

でもそんなときは、手前で気づいてブレーキをかけた時点で、もうすっかり「気づきの嵐」を体験できているので、そこがどん底よりもちょっと高めの底となって、隣の山につながっていきます。

山の斜面の途中から、隣の山に架かる橋が誕生するのです。

「客観視ブレーキ」をかけて、気づきの嵐がそこで吹いた後に霧が晴れ、気がついたら、ぱあっと橋がかかっていた。そういう感じです。

「ああ、そういえばあの時、本当ならもっとひどいことになっていたはずだけど、手前で気づけたから、どん底に落ちないでそこから浮上できたんだ」

この経験をした人は、あとで振り返ればきっとそう思うはずです。

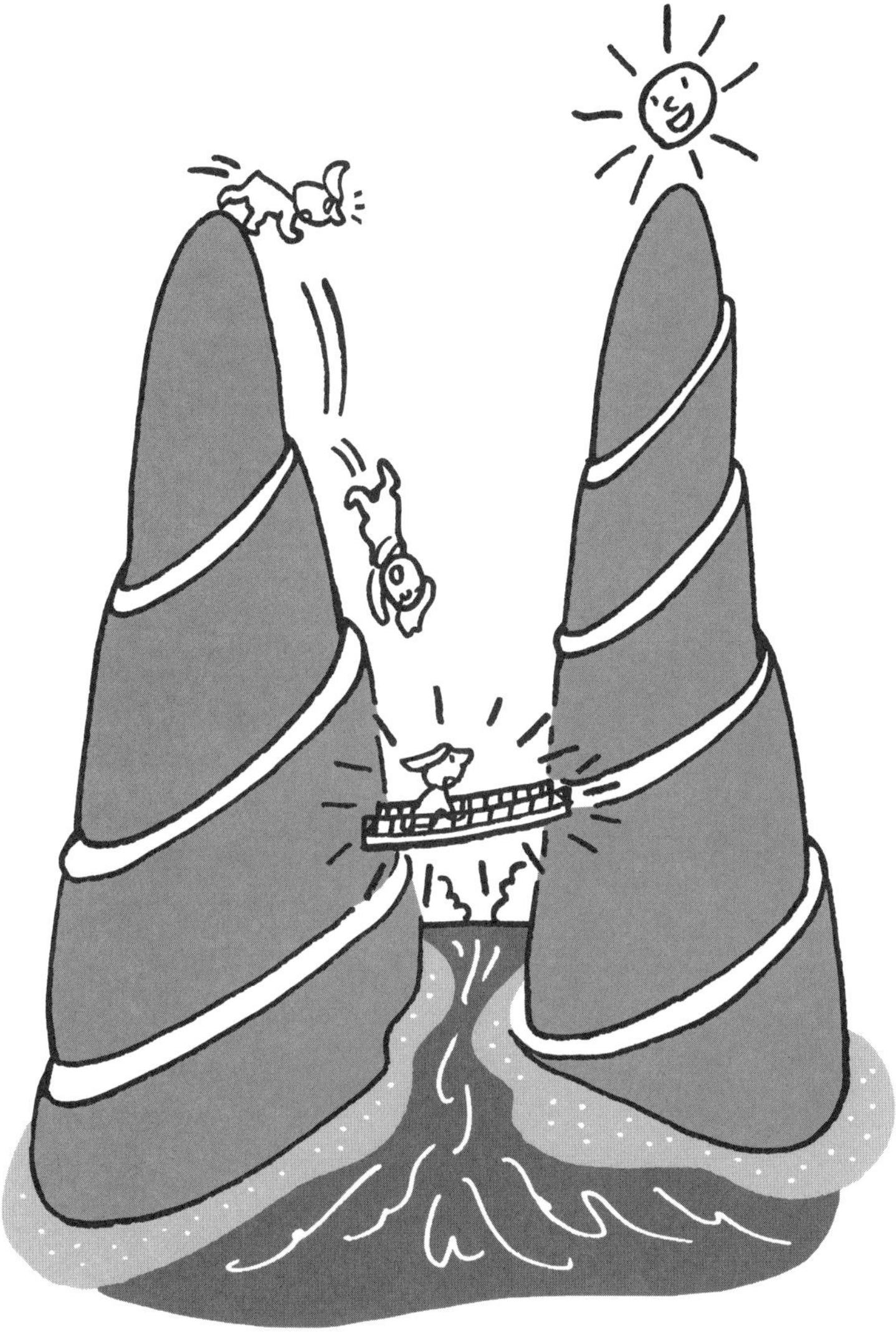

谷も山もない人生を歩く人

人によっては、そんなアップダウンがない人生を歩む人もいます。

それは一方では、とても平和で平坦な、じつにのんびりした人生を授かったということになります。

可もなく不可もなしということです。

このような人生を好む人もいるとは思いますが、違う角度から見てみると、実は平坦な道というのは「登っていくわくわく感」がまったくないということです。

いたって普通。谷を知らないので山も知らないのです。

下がっていないので比較体験ができてませんから、幸せでも幸せを実感しにくい体質となってしまいます。
いいか、わるいかという議論ではなくて、そういう人もいるということです。同じ位置で、変わらない同じ道をひたすら歩くのは、これはこれで、じつはとても大変なことなんですね。

ただ、人間は成長して幸せを学ぶために生まれてきたので、その本質の中に「飽きる」という機能を持たされています。

なので、「退屈な人生から抜け出したい」と本能が叫んでしまい、次第にその生き方に対して疑問を抱くようになってくる人のほうが多いように思います。

そして、平坦な道からはずれ、あえて断崖絶壁から海に飛び込むような「新しい挑戦」に突き進む勇気のある人は、成長段階に入っていくことになるのです。

どんな頂上かは
わからなくてもいい。
わくわくできそうだと思ったら、
とにかく登ってみてください。

わくわくの道を選ぶ

わたしの場合は、目標設定を明確にしてそこに邁進していくタイプではなく、わらしべ長者みたいに「なんとなくこうなっちゃった」タイプなんです。

まあ、人にはこのように2タイプあるみたいなので、ご自身がどちらかは見極めて欲しいのですが、わたしのような「なんとなくこうなっちゃった」の人は、

「あ、こんな山を登っていたのか」と登った後で気づいたり、

「あれ、想像もしなかった頂上だけど、まいいか、楽しいし」

という感じになることがあります。

お友達で小説家の角田光代さんは、「小学校の頃から小説家になると決めて、

算数は捨ててそのために必要な国語を必死でやっていた」と言ってました。
もう、8歳くらいから明確にどんな山脈を登るかって決めていたんです。わたしとは真逆です。（笑）

わたしは、そんな固い決心のもとに動いておらず、なんとなくお金欲しさに営業をやって出会った人に言われて本を書いてみて、仕事の依頼を受けていたらなんとなく今の会社のスキームが出来上がったんです。（すみません、ぬるくて）

だからいつも頂上になにがあるかわからなかったんです。

ただ、**わくわくしている道を選んだら、結果的にどんな頂上でもすばらしいものだった**ってことです。

わたしは今、こうやって本を書いているのが楽しくてたまらないし、そのせいで大晦日も原稿と向き合うことになってもちっとも苦痛じゃないんです。まさに熱中できている。

でも、この仕事は明確に求めた仕事ではないんです。
たまたまたどり着いたらここだっただけです。
なので、もし目標が見えなくてどうしていいのかわからない人は、
とにかく「わくわくするかしないか」で判断して、
明確に頂上になにがあるかわからなくても、
登ってみればいいのです。
そこには、あなたにとって
ほんとうにわくわくできる楽しい未来があるはずです。

4時間目

「運の基準」は自分が決める

「不運」も運のうちです

難民の子に生まれたり、
逆境を背負って生まれたら
運がわるいんでしょうか？
彼らの心はとても
豊かかもしれませんよね？

貧しさ＝不幸ですか？

さてここで、ちょっと角度を変えて、運がいいとかわるいとかって、なんなのかを考えてみたいと思います。

たとえばテレビでカンボジアの貧しい女の子がゴミを拾っているのを見て、なんてかわいそうなんだって思うことってありますよね？

毎日何キロも歩いて水を汲みにいっているアフリカの子供たちを見て、「ああ、なんてたいへんなんだ」って思ったこともありませんか？

はい、わたしもあるんです。

泣きながら、そのテレビを見ていたような気がします。

でも、その「かわいそう」とか「不運だ」って、なにを基準に言うことなのか考えてみてください。

ある程度の清潔な生活ができる、ゴミ拾いの仕事なんかしなくてよくって、蛇口をひねればお水が出てくる環境にいる私たちが、明らかに貧しくてそういう環境に恵まれない人たちを哀れんで、「不運」というレッテルを貼ってしまっていたりするのです。

ちょっと上から目線です。

彼らはたしかに大変で貧乏で空腹かもしれないけれど、

彼ら自身がなにかと比較できない限り、彼らにとってはそれが日常であり、そこに生まれたという運命なんです。

それぞれの運命のそれぞれの環境で生まれて生きていくということは、その人が受け持つ、この人生においての「学び」を受け取るということなんです。

だって、代わってあげることはできないんですよ。

代わってあげる勇気もないけれど。


たしかに不運かもしれない。

でも、今日、10円の缶を1個見つけた女の子のほうが、ご飯もいっぱいあって、適度な温度に調整された部屋でゲームばっかりしている男の子よりも、「やったー」という達成感があるかもしれない。

そして、ゴミ拾いから得たお金で妹や弟と一緒に食べるものを買って食べる瞬間の幸福度は、やっぱり前述の男の子がなんとなく食べている食事よりもすごく高いかもしれない。

それはその本人にしかわからないことだけど、わからないからこそ、「不幸」かどうかもわからないのです。


仮に、運がいいというのは、「心が育つ瞬間が多いこと」という定義だったら？

カンボジアの子のほうがうんと運がいいということになります。
ゴミの中からの缶1個を探すことだって、とても豊かなことになるかもしれません。
心の階段を上っていくことが、運を上げるってことなんですから。

幸せの基準は、
社会が決めるんじゃなくて、
自分が決める。
「他人の物差し」は捨ててください。

なにを持っているかなんて関係ない

私は早くに母を亡くしているし、その後父も亡くなってしまったので、実家が早くからありません。
それに離婚していて子供もいませんので、家族というものに縁が薄いんです。
子供の頃の生活においてもお正月に一家団欒の思い出もそんなにないんです。

だからわたしは「不幸」ですか？（笑）
いや、そんな風に思わないでください。わたし幸せなんですよ。
他の人が持っているものを持ってないだけです。

でも、家族があることが人の共通の幸せ基準であるとしたら、

わたしってどん底の不幸なんですよね、あちゃ〜。(笑)

「ああ、和田さんって仕事はうまくいってるようだけど、結局、家族運がないよね〜」

なんて言われそうです(いえいえ、これからわたしにもそれを持つ可能性があるんです)。

そう、確かに家族というものはすばらしいと思います。

でも、家族がないことが「不幸」とするのなら、それは家族がある人から見た偏見になると思うのです。

だって、家族をあえて持たないことを選ぶ人もいるのですから。

もうどっちでもいいんですよね。

それを持っていようがいまいが、

自分が幸せだと思えば、

自分が納得していれば、
まったく他人の基準なんて関係ないんです。

「社会が決めた幸せ」という基準もすでに崩壊しています。
とにかく、自分で「不運」と思わないこと。
わたし基準の幸せを貫いて、徹底的に楽しむほうがいい。
「他人の物差し」は捨てるのです。

同情は下向き、愛情は上向き

そして、ここが一番怖いのですが、自分が『不運』と決めつけている状態にある人をテレビなどで見てしまうことがありますよね？
本人の気持ちに関係なく、さも「かわいそう」を思わせるナレーションまでついていたりします。

そういうものを見るとやっぱり、わたしも「ああ、なんてかわいそうなんだ。なんて不運なんだ」って感情移入してしまうんです。まったくしない人もいるとは思いますが。


さて、こんな共感はやさしい気持ちではあると思うし、相手の立場に立って考えるという意味では大事なことだと思います。

けれど、運の上げ下げという意味でとらえると、じつはそれは自分に関わりなどないのに、なんでか、それだけで自分の意識が下がってしまうんです。

一瞬でも「不幸だな」の意識をいれてしまったせいで、ようは重くなるわけです。

重くなれば？

そう！下がってしまうわけです。

だから、自分の物差しで見て「不運だな」と思う人がいても、意識はニュートラルでいます。

「ああ、こんな人生もあるのだな」と受け入れておきます。

もし寄付をしてあげたくなったら「かわいそうだから」ではなく、「もっと成長して欲しいから」という意味でします。

助けてあげたくなったら、「死なないで欲しいから」ではなく、「もっとわくわく生きて欲しいから」という意味でします。

こうすることで、同情は愛情に変換されます。

同情は下向きで、愛情は上向きなんです。

そうすれば、引っ張られて運が下がることはなくなります。

何かを達成できないとき、
「運がわるい」と
言っていませんか？

「得た」よりも「学んだ」のほうが◎

「あの人運がいいね」という話の先にあるのは、なにか必ず大きなこと（社会的価値の認められること）を成し遂げた話になることが多いなあと思います。

でもそうなると、

成し遂げなかった人は運が悪いということになってしまいます。

もちろん、なにかを成し遂げたというのも

ひとつの「運がいい」という類いにはなるけれど、

もっといろんな「運のよさ」があるのだと私は思っています。

ここでもう一回、運の基準を確認したいと思います。

「なにかを得たとき」ということが「運がいい」という定義は、より目に見える物質的なものだと思います。

そしてもうひとつ「なにかを学んだとき」ということが「運がいい」という定義もあります。

これは、目に見えない精神的なものだと思うのです。

「運」とは、このふたつの定義をもっているのだとわたしは思っています。

私たち人間はリアルな世界に生きているので、今のところなにかを得ることのほうがずっと価値が高いわけなんだけど、結局は「何かを学んだ」という定義での「運のよさ」のほうが人間として心が成長する方向に向かいます。

そしてどんどん感じ方が変化するので、ますます幸福感度も高くなってくるんです。

20代の人にはあまりピンと来ないかもしれないけれど、人は必ず老いて死にます。

そして「**なにかを学んだ**」**ということが、その人にとって価値の高いものであればあるほど、歳をとってからも「運がいい」人になれる**のです。

言いかえれば、これがないと歳をとるごとに「運がなくなっていく」という感覚に陥ってしまうわけです。

なぜって、歳を重ねることって今まで普通にできたことをひとつずつ手放していく作業がやってくるからです。

定年退職すれば出世とか、名声を得るとかってことから、たいていは遠ざかりますよね?

仕事をしていないわけですから、特別な唯一無二の仕事や人間国宝級の人でない限りは、仕事盛りのときより他人の評価も次第に少なくなります。

お偉い方だったなら、なおさらに、今まで周囲にいた人がいなくなり、さみしい気持ちが倍増します。
あらたな階段を上って、もっと幸せな場所があるのに、
今まで持っていたものに執着があると、重くなって上に上がれない。
「なにかを得た」が基準になっている「運のよさ」だと、
老年期に入ったこと自体が「運がわるい」ということになるんです。
だから仕事をリタイアしたとたん鬱《うつ》になる人もいる、幸せがなにかわからなくなる人もいる。

でも、心の成長は死ぬまで続きます。
まだまだ知らないこと、まだまだ経験していないことが山のようにあります。
そして、歳をとっていくこと自体が学びとなります。
幸福感度も高くなるので、ちょっとおいしいものを食べただけで、
お月様がきれいなだけで、

「ああ、今日も運がいい」と思えるのです。

それって、ものすごく大事なことだと思いませんか？

「自分のため」から「誰かのため」に

このイラスト（P171）をみてください。

この一番細い部分で、ちょっと変革があるんです。

だんだん年齢を重ねて、この反転する時期にくると、「自分のため」ではなく「誰かのため」に生きることに喜びを感じる段階になっていくんです。

そういうふうにシフトできた人は、もうあとはどんどん上がるだけになっていきます。

この反転の時期は人によって違うので、すごく若いときにやってくる心の成

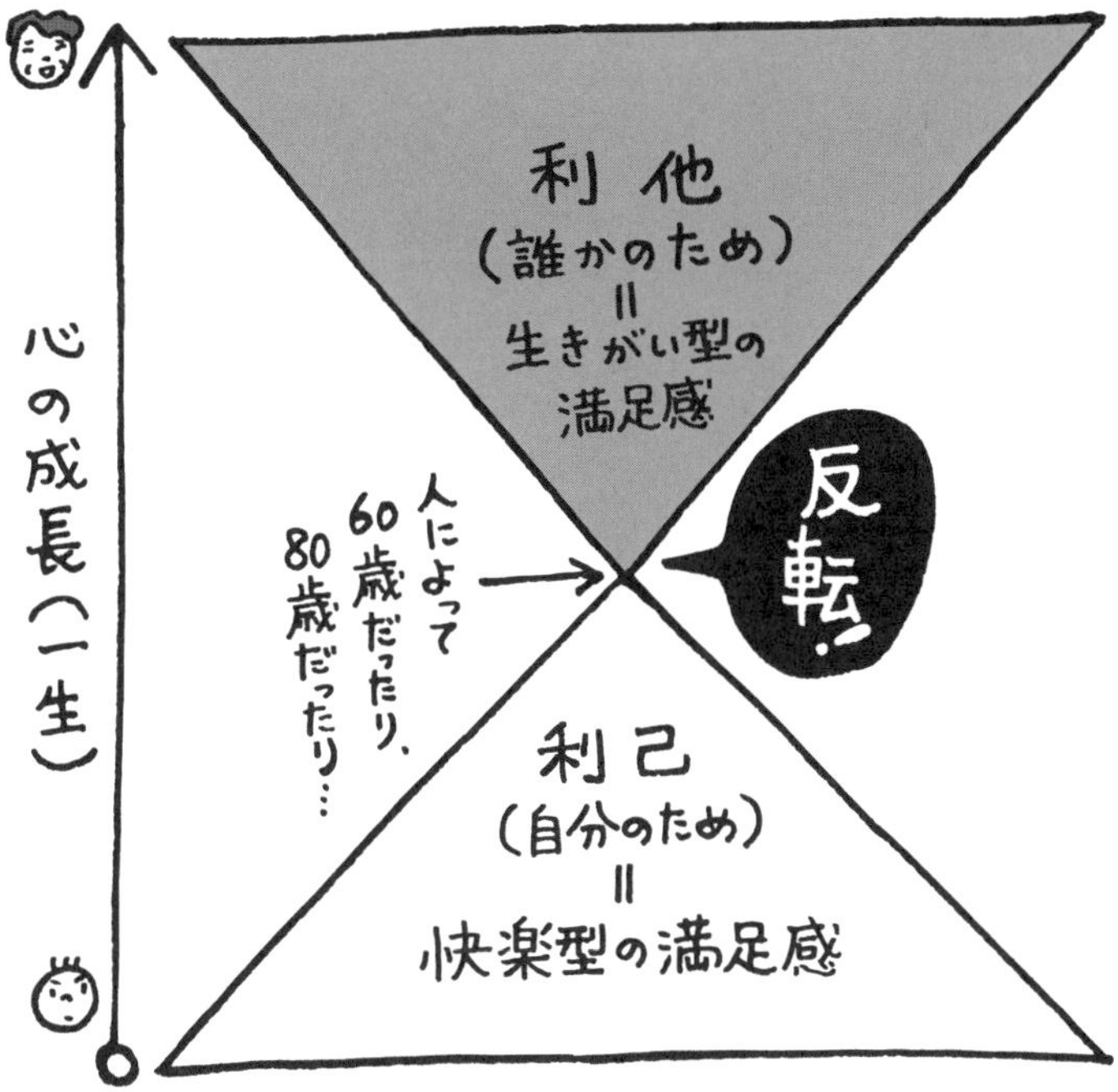
心の成長（一生）
利他
（誰かのため）
＝
生きがい型の
満足感
反転！
人によって
60歳だったり、
80歳だったり…
利己
（自分のため）
＝
快楽型の満足感

長が早い人もいます。

でも平均的には、仕事を定年退職したときとか、今まで生きてきたステージとあきらかに違うステージに移行するときがタイミングです。

ここで「この俺がこの会社をつくってきたんだ！」と意固地になってしまう気持ちもわかるし、それがほんとうの実力者ならその言葉は事実であり、引退する時期が早いというケースだってもちろんあります。

ただ、そのまま仕事を続けるにしても自分の名声や実績を忘れて、人の役に立てるにはどうしたらいいだろう？と考えるようになったときに、この逆プラミッドの最幸運の世界へ行けるのだとわたしは思っています。

そして、これはなにも不思議なことを言っているのではなくて、とても満たされた幸せな老後を過ごしている人の共通点だったりするのです。

100歳超えたら100%

寿命が延びていて、世界でも100歳を超えても元気いっぱいのおじいちゃん、おばあちゃんがぞくぞくと増えてきています。

そこで一世紀を生きたということで、100歳を超えた方は「**センテナリアン**」と呼ばれるようになりました。

今、世界中の研究機関が、認知症もなくさらに健康で100歳を超えていらっしゃる人を研究しているわけですが、そのひとつの要因に、「心が満足している」状態があるという研究結果が出ています。

身体に炎症を与えてしまうCTRA遺伝子群はストレスを受けると活発に働

き、「満足感」を得るとその働きが弱まるそうなんです。

体内のさまざまな炎症が大きな病気となったり老化を促進させてしまうわけですから、心が満たされているってとっても重要なんです。

ただ、それが本人の「満足感」があっても、炎症を促進してしまうものもあるのです。

満足感には、物欲とか出世欲とか食欲などの「快楽型」のものと、誰かの役にたって生きるという「生きがい型」のものがあります。

快楽型の満足感は炎症が進むのだそうです。

生きがい型の満足感は炎症が収まるのだそうです。

100歳を超えて、たしかに若い頃ふつうにできたことができなくなり、失ったことはたくさんあるけれど、

「今がいちばん幸せ」と言える人たちは、誰かの役に立てることに何より喜びを見出せていて、
もう最高級の位置にいらっしゃいます。
だから、ずっと運がいいままなんです。

自分がもっと歳をとったときに
「今がいちばん幸せ」って言えることって、
もう最高級の運だと思いませんか？

みなさん共通して**「利己」から「利他」へのスイッチ**をしているんです。

いろんな経験をした人、
深い谷に落ちた人は、
心の目盛りが細い。
そうすると、
人を助けることもできるんです。

老後の運は心の目盛りで決まる

あえて悲しい経験とか悲しい経験をすすんでする人はいないと思うけれど、意図せず人生の谷に落ちたことがある人は、ある程度歳を重ねた人のほうがやっぱり多くなるはずです。

そして、これが運の面白いところなんですが、谷が深かったり、落ちた回数の多かった人のほうが、自分以外の誰かを助けることができるようになってくるんです。
（もちろん学びに気づいて、感謝の階段を上がったらですが）

なぜって、それらの経験を通して人の気持ちがわかるようになり、次第に「人の心に届く言葉を持っている」という、すごい財産を持つようになるからです。

じつは心が成長してくると、心の目盛りが細かくなるんです。

たとえば、経験の少ない人の心の物差しが
5センチ置きに目盛りがある粗いものだとしたら、
経験と感謝の数が多い人の心の目盛りは、
1ミリ単位くらいの物差しなんです。

人の人生には限りがあるので、すべての人と同じ経験はできません。
だから「わたしも同じ経験したんです。わかります」という言葉をかけることはできないわけですが、
心の目盛りが細かい人は、
同じ経験をしていなくても相手を元気づけることができるんです。
相手を助ける言葉を使えるんです。

なぜかっていうと、心の物差しの目盛りが細かいから、
相手の物差しと概算値が合うんですよ。
その人の気持ちがわかる目盛りで自分の心を合わせることができるから、
その人の心に響く言葉を持つんですね。
「理解の概算値」が細かい人は、老後とっても強運になります。

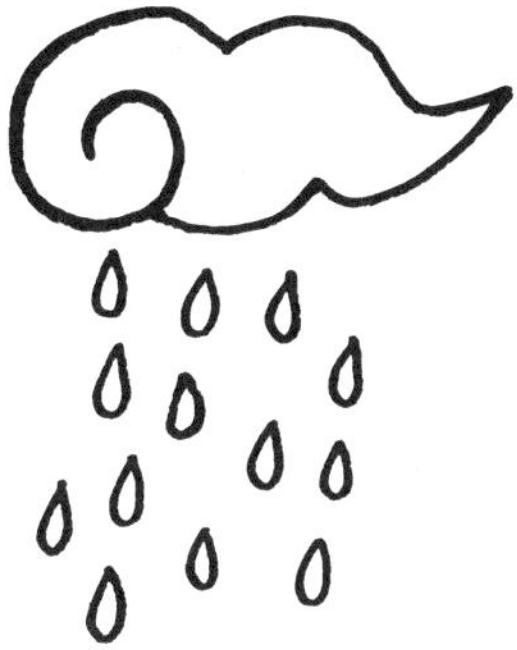

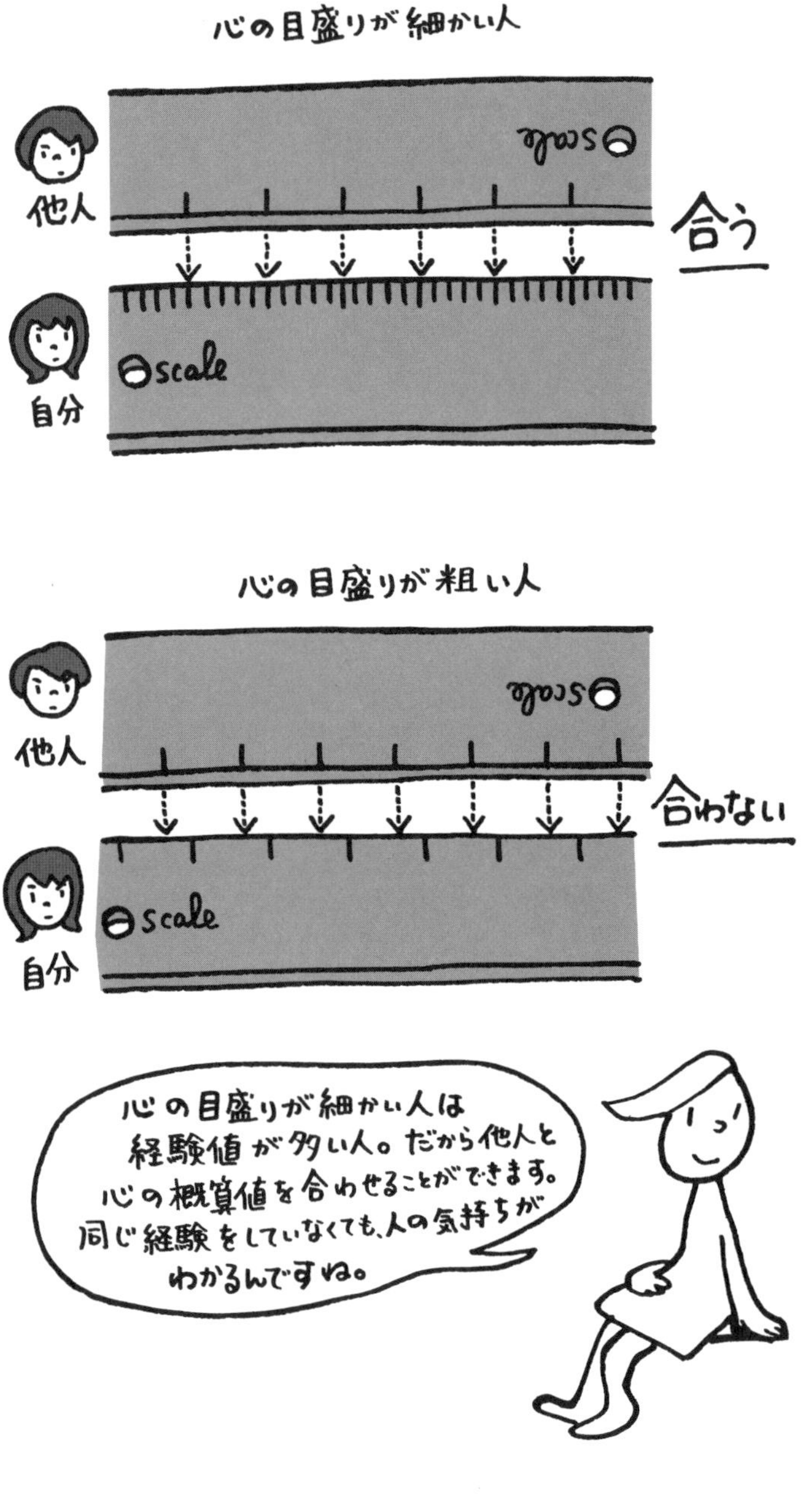
心の目盛りが細かい人
scale
他人
合う
scale
自分
心の目盛りが粗い人
scale
他人
合わない
scale
自分
心の目盛りが細かい人は経験値が多い人。だから他人と心の概算値を合わせることができます。同じ経験をしていなくても、人の気持ちがわかるんですね。

幸せを実感するために
「不運」というものが
ものすごく大事なんです。

不運は運を実感するためにある

繰り返しになりますが、夜という認識が生まれるのは、その真逆の立ち位置にある昼が存在するからですよね。

健康という認識もその真逆にある病気という存在があるからこそ生まれる認識です。

お金持ちも、貧しさという対比で語られます。

だから、幸せという基準だって、不幸があるからこそその輪郭をくっきりとできるわけです。

もし、神様がいらしたとしたらという仮説を立ててみます。

その場合、神様は、

「なんのために病気をこの世につくったのか？」
と考えてみてください。

必要だったからですよね。
わたしたち人間が、「対比」することでしかそれを「実感」できない生き物だから。

冬という概念がまったくない暖かい国の人が、雪の降る日に日本にやってきて、そのとき生まれて初めて「寒さ」を知って、そのおかげでいかに自分の国が「暖かい」かを実感するのです。

だから、もし**「不運」なときがあったら、**
それは、さらに「運がよくなる」ということを
実感するためにあるのだってこと。

落ちて、どん底になって、
失って、裏切りもあって、
傷ついた後に這い上がったことがある人なら、
もうすっかり知っていることだけど、
ほんのちょっとした「上昇」がもう、すごい幸せとして実感できるようになってくる。

たった一つのおにぎりや、ちょっとした笑顔に泣けるほど感動して嬉しくなることができるようになる。

この「実感」が、なによりすごいギフトなんですよね。

だから、「運が上がる」ってことは、
なにか得るとか達成するという
ゴールにあるのではなく、

自分の幸せを感じる「実感」が増加していく段階にあるのです。

この「実感」が大きいほど、何かを達成したときの喜びも何倍になって、「ああ、なんて運がいいんだろう」と、想像できないくらいのでっかい感謝でもって満たされていくのです。

世の中には、
不運になりたくて
なっている人もいます。
不運の恩恵があるからです。

不幸を裏返したら幸福？

人は心が求めているところへ行くもの。
「不幸になりたい？」と尋ねれば、
多くの人は、首を横に振るはずです。
でも実際にはウソみたいだけど、
心の奥底で気づかずにそう思っている人たちがいる。
不幸であることで恩恵を受けている人もいる。
逆に言えば、「幸せになりたい」と心の底から思っている人がどれだけいるのでしょう？

本当に嘘みたいだけど、

不幸になりたくて不幸になっている人がいるのです。
こういうとみんなびっくりするのですが、
じつは「不幸」って裏返したら「幸福」になることもあるのです。

えっ、なんじゃそれ？って感じですよね。
貧乏って「不運」の代表みたいなものだけど、
働きたくない人だってやっぱり世の中にはいて、
そういう人は生活保護のほうがいいって思っていたりもします。一部ですけどね。

これってまさに**不運の恩恵**。
この人は働きたくないのだから、それが叶ったということだけに関しては（これのみ！）「運がいい」となるのです。

あと、病気。

これも『不運』の代表みたいなものですよね。

こんなこと言うとすごく怒られるかもしれないけど、たとえば病気のなかでも「がん」ってすごい周囲に影響があります。

「私、がんなんです」って言うと、家族じゅうや、周りの人がみんな優しくなることが多い。

そうすると今まで家族との会話もなかった、見向きもされなかった人が、すごい周りから注目されて、とつぜんみんなから優しくされる。

そう、世界が変わってしまうんです。

そしてそのひとつの側面においてはそれって、幸せなことなんですよね。

だからその人は治りたいんだけど、潜在的には治りたくないっていう感情も芽生えてしまうことになるんです。

普段、周囲から愛情をもらっていた人の「治りたい」という思いは、病気になったことで愛情をもらえるようになった人の「治りたい」より、あきらかに強いのです。

これ、どっちが正しいかとか、誰が間違っているとかではないんです。

がんになって幸せになった人が存在するという事実を言っているだけです。なので、一概に病気になったことを「運がわるい」とも言えないのです。

結果的に幸せになれたのなら、がんになったことの中にも運がいいと言える要素が潜んでいるかもしれないっていうことです。

5時間目

運を上げるレッスン

運の階段は「感謝」で上る

手の中に今ある砂粒に感謝して、
積み上げていくこと。
砂粒に気づかず
こぼしてばかりいるから、
いつまでも砂浜ができないんです。

今日のひと粒の砂に感謝する

何かが達成できたから「運がよかった」というのは単なる結果論です。
日々の当たり前のことに感謝する、
その積み重ねで運はたまっていくもの。
小さな砂粒を集めていけば、いつか砂浜ができるんです。

でも「砂浜ができたらいいな」と思っているだけで、
目の前にある砂粒に気がつかずに過ごしている人、
そういう人に砂浜をつくることはできないのです。

運がよくなる秘訣っていうのは、

じつは何かの達成に対して、
運がいい、わるいっていう認識をすることではなくて、
今日あった小さなことに感謝を積み上げていくことかなって思っています。

たとえば、

「自転車と接触しかかったけど、事故にならないでよかった。わたしって運がいいいな」

「ふと見上げたらきれいなお月様だった、わたしって運がいいな」

「あ、あした上司の誕生日！思い出してよかった。わたしって運がいいな」

とか、日常のいろんな小さなハッピーたちを積み上げていくわけです。

これはまさに陽転思考ですよね。

日々の中で小さい「よかった」を探すみたいな感じです。

その小さな運は、なにかを達成したときみたいに「ヤッタ～」って言う感じ

じゃないし、ほとんど気づかないのですが、その気がつかないほどの小さな小さな砂粒みたいなものが集まって、やがて大きな砂浜になっていくわけです。大地ができ上がるんです。

でも、人ってこのちっちゃいちっちゃい砂に気づかないで、なんか運がわるいと思うわけです。

「だって受験も失敗した」「結婚も失敗した」「夢も破れた」と、いかに自分には何も手に入っていないかを主張してしまうのです。

だから、せっかく集まってきた砂が手の中にあるのに、「わたしにはなにも手に入らない」と言いながら、こぼしていってしまう。

砂がこぼれ落ちてしまうっていうことは、貯まっていかないわけですよね。

風に吹き飛ばされていくんですよ。

そういう人は運がない。

結局、**今日の砂粒ひと粒に、なんか嬉しいって思える人が、大きな海岸（砂浜）をつくれていく**ってことです。

何か損をしたからとか、わるいことがあったからとかいうことで、すぐに「なにも手に入ってない」と思ってしまうと、手からするすると砂がこぼれて、風に舞って隣やその先の浜に飛んでいってしまいます。

だから、よくない出来事があっても、
心が成長できてよかったなとか、
貧乏が経験できてよかったなとか、
失恋が経験できてよかったなとか、
同じ経験をした人の気持ちがわかるようになってよかったな、などと「手に入ったものはなにか？」と考えるんです。

それが大事な砂のひと粒なんです。

そうやって小さな砂粒を貯めていけば運の砂浜はひろがっていき、それが大きいほどまた砂（運）が集まってくるんです。

砂粒に気がつかないのはなぜでしょう？

自分で砂をぼろぼろとこぼしておきながら隣の砂浜を見て、「ああ、いいなあ、なんであの人ばっかりなんだよ」と嫉妬しているのはおかしなことなんです。（笑）

だってそれ、**〝あなたがこぼした砂〟**なんだから。

たしかに、いろいろと世の中には理不尽なことが多いと思います。心配することや悔しいことや悲しいことを数えたら、もうそれはきりがないのかもしれません。

悩み事だって、未来への不安だって、そんなに簡単に消えてしまいません。だからグズグズいってても仕方ないんです。

砂がこぼれるだけなのです。


世の中には、社会の大きな問題に気づいて、スノーデンさんみたいにホイッスルブロウワー（内部告発者）になって解決する方向にもっていこうと、前のめりになれる人だっています。

でも、わたしはまずは『自分』だと思うので、自分の人生をよりハッピーにするために、自分にとって何が「わくわくするのか」に意識を向けるほうがいいと思っています。

勇気のある人はいろんな「問題」に目をむけて解決する道をどんどん邁進《まいしん》していけばいいけれど、わたしは今のところ、なにかと戦うようなことではなかなかわくわくできないので、おのずと後者を選んでいるだけです。

不安なことばかりに意識を向けてしまうと、わたしの場合はそれで頭がいっぱいになっていって、どんより重くなってしまうのです。

だから「よかった」ことをいっぱい探して、ニコニコ笑って生きることを自分の意志で選択しているのです。

そして大きな砂浜をつくることができたら、その砂を誰かに盗まれても余裕で「どうぞ」って言える人になれる気がします。

そうなると、生きることがすごく楽しくなるにちがいないと思っているのです。

自信がありそうな人の
真似をするだけで性格が変わり、
周囲も変化していきます。

頭じゃなくて体で理解する

2時間目の「運の土台をつくる」授業のところで、自信のない人が自信を持つには、「まず自信のある人の真似からはいるといい」という話をしました。

わたしの場合は姉の真似でしたけど、自信は「真似」という最初の一歩の行動からだんだん構築されていくんです。

この一歩は**今までの生き方と違う新しい生き方への一歩**だから、電車が線路を変えるくらいに向かう方向が大きく変化するんです。

周囲に自信があるように見える人がひとりくらいいますよね？

もしくは映画の登場人物の誰かとかでもいいです。

その人の表情、笑い方、声のトーン、動き方、
そんな部分を観察して、書きとめます。

あ、どうかこのあたりの作業を面倒くさがらないでください。
この本で「張りのある大きな声で話す」と書いても、わかったようで、じゃどうしたらいいのかわからないんです。
それって、文字の意味が頭でわかるだけで、まだどのように身体を動かしていいかわからない。ようは脳がからだの動きを指示できない（シナプスがつながっていない）からです。

だから、それができる人を観察し学ぶことで、
まずは文字情報以外のことを脳に学んでもらうのです。
そして真似をしていく。
最初はなかなかできないですが、何度も続けていくことで、だんだんつなが

ってくるんです。そう、真似をする神経細胞をミラーニューロンと言いますが、そこへシナプスが伸びてつながっていくんです！

実際にわたしは、何度もセミナーで実際にやって見せて、それを真似してもらうトレーニングをしていますが、普段から消極的な人は、最初はなかなかできません。

頭ではわかっていても身体で「わからない」のです。

でも何回もやっているうちに、できるようになってくるんですね。

もうどこから見ても自信満々に見えるようになる人もいます。

これを続けたら、それが自分のものになってきて自信、生まれますから。

すると自然に自信のある行動をするようになるので、

周囲が変わって、出会いも変わって、評価も変わって、

明るくなっていくんです。

だから行動が根っこから変化して、挑戦できるようになる。
そうなればもう、どんどん運が上昇してくるんです。

運を上げるには、
まずは笑顔。
口角を上げると運も上がるんです。

笑えば「上がる」

「笑う門には福来る」って言いますよね？
もう、運をつくりたいのなら「笑う」しかない。
ほんとうによく笑っている人って幸せになるんです。
え？　最近、ついてないから笑えない？

上がる、下がるという表現を使うと、
動けば体温が上がる
動かないと下がる。

笑顔は動作なのでまず、上がります。

身体とか表情とかとにかく「動かす」ことで上がっている状態に持っていきます。


口角も上げる。

笑い声で音のボリュームを上げる。

そうやって身体から上げていくことで、気持ちを後発的に上げていくことができます。

脳は身体の動きにあわせてコントロールできるからです。


実験で、10分無理に笑ってもらった人に「今日、自宅に帰ると空き巣が入って・・・」なんていう悪いことを想像してもらおうとしても、笑ったあとってなかなか悪いことをイメージできない。

でも、困った顔をしてもらった後なら簡単に悪いことがイメージできる。

反対に、10分間しかめっ面をしてもらってから、「宝くじが当たりました！

何を買いますか？」と質問してもすぐに答えが出てこない。
むすっとした時間が長いと、いいことを考えることが苦手になってくる。
これはもうそういう結果が出ているわけです。
とにかく、笑っていると悪いことを考えにくい脳になっていくんです。

笑えば、上がる。
笑う門には福来る。
当たり前の事実です。

ということで、
運をよくしたいなら笑うことです。
どんなに嫌なことがあっても、今どんなに悲しくても、
あなたが幸せになる方向を選ぶのであれば、
笑ってください、無理矢理に。

神あわせ（噛みあわせ）を整える

とにかくよく笑う人は運がよくなっていくのです。

ということで、あなたは笑顔に自信がありますか？


わたし、八重歯があったんです。

それを大学生のときにバイトして貯めたお金で抜いて、重なった歯を矯正して歯並びをきれいにしました。

就職面接の前に、きれいにしておこうと思ったんです。

わたし、英語関係の仕事に就きたかったのですが、八重歯がかわいいというのは日本くらいで、英語圏世界ではあまり美しいものではないと聞いていたからです。

それで運がよくなったかどうかわからないけれど、なんかたったそれだけで自分の笑顔に自信がついたと思います。

わたしの場合は歯並びをよくしたこともある意味、運がよくなった一つの原因だと思います。

ただ、これはわたしのケースなので、すべての人に「歯の矯正」をお勧めしているわけではもちろんないです。

どうしたら笑顔が好きになれるかを考えて、その原因が歯にあると思ったら勇気出して歯医者へゴーです。

でもね、本当に今まで笑顔に自信のなかった人が自信を持てるようになると、びっくりするくらいの別世界がやってきます。

「暗そう」なイメージが「楽しそう」なイメージに変わるんです。

誰かと一緒にいるときに笑うことが増えるので、相手をハッピーにできる。

（むすっとしている人となど誰も一緒にいたくないです）

そうなれば、人から好かれるようになる、誘われることが多くなる。
どんどん出会いが増えてくる。営業なら結果が出る。
恋も実りやすくなる。
そうして行動がどんどん変わって、
「楽しい世界にいる自分」が生まれるんです。
すごい変化です。いや、笑顔ってほんとうにすごい。

ところで、噛み合わせって「神合わせ」とも言うそうですよね。
プラス、よく噛むと健康も一緒にやってきて、
もっと運がよくなるということです。

先延ばしにして行動しないと、
運がわるくなります。
どんな結果にも原因があるんです。

とにかくスタートボタンを押す

やろうやろうと思っていて、未だにやってないことってありますか？

わたしたちって失敗を怖がりすぎて、ついつい先延ばしにしてしまうのです。

決断してやろうと思えばできることなのに、お金が・・時間が・・とかいろいろと迷いながら、そのうち、そのうちと先延ばしにしてしまう。


行動を止めているので「動き」がないですよね？

「動き」がないので熱が出ない。

そう、上がらない状態になるんです。

とにかく、先延ばしはもっとも運を悪くする要因となります。

だから、「わかってはいるんだけど・・・」と、末だにやっていないことがあったら、とにかくそれに手を付ける。

それが運の土台になります。

スタートボタンを押さなければ、ゲームはスタートしないのです。


結果には必ず原因があります。

運がよくなるという「結果」を起こすには、その「原因」を仕込まないといけないのです。

「ひらめき」は運をつかむチャンス

どんな人にもひらめきが起こります。

このひらめきは神様からのギフトだと、わたしは思っています。

だから、なんとしても受け取った瞬間にリボンをほどいて、箱から出さないといけない。

なのに、自信がないときは自分のひらめきを疑ってしまって、まったく信じられない。

そうして箱のまましまいこんでしまうから、腐ってしまうのです。


たとえば営業でも、自信のあるときは、「あ、○○さんに電話しよう」とひらめいたら、もう、すぐに電話しているんです。

すると絶好のタイミングでその人とつながる。そして結果も出る。

でも、自信のないときは同じようにひらめいても、

「今日は月末で忙しいかもしれない」

「今はお昼時間だから、迷惑かもしれない」と、なにか
「今はしないほうがいい」という理由を無意識に探してしまいます。

普段から自分に自信のない方は、絶えず後者の行動となります。
だから、つながらない。だから結果もでない。

これ、不運ですよね。
結果は不運だけど、ひらめきがあった時点では不運ではなかったんです。
ひらめきを大事にして行動しなかったから、
不運という結果になってしまったということ。
わざわざ不運の原因をつくってしまったわけです。

怖がってないで、
ひらめいたら動く。
動けば体熱が上がって、
運も上がるんです。

動かなければなにも始まらない

先延ばしにしないって本当に大事なんです。

ここにもやっぱり運の土台である「自信」があるかないかが影響しています。自分がすごいと思えれば、すごい自分が電話をかけるのですからもう喜んでもらえるに違いないと思ってしまう。

でも自分がダメだと思っていたら、迷惑をかけて嫌われることを想定します。それが怖くて動けない。

これって、一見、相手に気をつかう謙虚な人のようにも思えるかもしれませんが、多くの場合、自分に自信がないからそうなるんですね。

自信があれば、なにか新しいアイデアなどひらめいたら、すぐに誰かに言いたくなったり、企画書を書くなり、やっぱり行動する。

誰かにすぐに会いに行ける。

動けばなにかが起こります。


それはその企画がたとえボツになるようなものであったとしても、新しい人や企画に出会えることでなにかしらの動きが出てくるのです。

けれど、自信がないと、

「わたしなんかのアイデアなんてだれも耳を貸さないだろうな」と、最初からあきらめて自分のなかにしまい込んでしまう。

動かなければなにも生まれない。
なんども言いますが、
キーワードは「動き」です。

身体でも動かせば熱が出てきます。
温度が上がるということは上昇を意味します。
だから動くしかないんです。
起き上がって歩いてドアを開ける。
すべてその一歩からしかはじまらないのですよね。

「愛されたい」人ではなく、
「愛したい」人になる。
運の神様が好きなのは、
自立している人です。

「愛されたい」より「愛したい」

運がいい人は、
人に甘えたり、
自分を探したりしません。
あれがない、これがないと文句を言いません。

恋愛においても同じです。
「愛されたい、幸せにして欲しい」と、
その「運」は相手任せになってしまいますよね。
相手が去っていったら運も一緒になくなってしまうわけです。

相手に依存している状態のときは、一時的に幸せになれてもそれはとっても不安定です。

他人の船に乗っているので、自分ではコントロールできないからです。

だから『運』を自分のものにするためには、

「愛したい、幸せになろう！」と
とことん能動的になったほうがいいです。


もちろん「愛されたい」という気持ちは誰にだってあると思うので、その気持ちをなくしてくださいということではありません。

でもよく考えてみれば愛し合うって、お互いが「愛したい」という状態なんです。


「愛を与えるから、愛がやってくる」

そういう関係です。

「愛をもらったから、愛を返す」という偏った愛し方って、なんか痛いことが起きそうですよね。（笑）

運に嫌われる口癖があります。
「ください」をやめて、
「あげよう」に変えてください。

言葉ひとつで運を上げる

「世間がわるい」とか「会社のせいだ」と、グチばっかり、文句ばっかり言っってても運が逃げていくわけですが、**「あれくださいい、これください」と何でももらおうとする人も、運に嫌われてしまう**んです。

別に人になにかを頼んでもぜんぜんいいのだけど、人に「これください、あれください」と自分からはなんのお返しもないまま、もらうことだけ必死な、がつがつした感じがダメなんです。

だって、それは「足りない、足りない」って連呼しているのと同じになるから。

そうではなくて、
あなたはすでに「持っている」のですから、
その手持ちのものから
「この人と知り合ったから○○さんに紹介してあげよう」
「多めにみかんをいただいたから○○さんにあげよう」
「○○さんのいいところを褒めてあげよう」という風に、
頭を**「あげよう」**にシフトしていくんです。

これ、知り合いのHさんに言ったら、こんなお返事返ってきました。
「和田さん、僕、知らないうちに、紹介してください、教えてくださいって
もう『ください』の連呼だったんです。
でも、『あげよう』に変えたんです。自分から紹介してあげたり、教えてあ
げたりと。

そうしたら『ありがとう』をたくさんもらうようになりました。人に『ありがとう』って言われるたびに、自分がすばらしく思えてきました」

この場合、Hさんの運はまちがいなく上がっています。
だって人から好かれるようになったんですからね。

さて、「ください」には「下さい」と下がる意味がありますよね。
「あげよう」は「上げよう」で、上がる意味があるんです。
知らないうちに使っている言葉にも、運をつくる秘訣が潜んでいるのです。

「わくわく」は
影になっている下の部分にある。
そこをアップライトで照らすんです。

運は見えない部分に隠れている

目に見える成功、経済的なことや物理的なこと、地位とかお金とかそういうことを成し遂げた人を「運が強い人」だと思ってしまうことってあると思うのです。いわゆる「成功した人」ってことですよね。

たしかにそれは立派なひとつの成功です。多くの人が『羨《うらや》む』ことを持っているってやっぱりすごいことですから。

それにその人がその目標にむかって誰よりも努力した結果ならなおさらにすごい成功と言えると思います。

この「あの人って運がいいよね」というのは、外から「見えること」だけで私たちが判断しているからですよね。とにかくわかりやすい部分です。
でも、ほんとうに「運がいい」というのは、
外から「見える180度」の部分よりも、
外から「見えない180度」の部分にあるんです。

見える部分が「物質的」で、見えない部分が「精神的」要素となります。
わたしが思う「運がいい」ってことは「心がわくわくしている」状態です。
今を楽しめる心、未来を信じてわくわくできる心があることが、なにより「運がいい」ってことなんです。

なぜって、考えてみてください。
わくわくしている状態って、ほんとうに、
わくわくした未来を生み出せる行動につながっているからです。
今、「物質的」要素があまり満たされてなかったとしても、心が楽しくてま

いにちハッピーな人って、「物質的」に満たされていても心が穏やかになれなくていつも焦ってイライラしている人より、もうかなり運がいいと思いませんか？

わたしね、ファーストクラスで5つ星のホテルに泊る旅行を、好きでない人と一緒に行くよりも、大好きな人とたこ焼きを食べているほうが楽しいです。

わくわくして、笑ってばかりいると思います。

もちろん大好きな人とファーストクラスの旅行だともっといいのかもしれませんが（笑）、なにより大事なのって「わくわくして笑って楽しんでいる」状態なんです。

それを持っていることが最高の「運」なんです。

「運玉」をアップライトで照らす！

物質的な要素が「目に見える部分」で、精神的な要素が「目に見えない部分」と言いましたが、海に浮かぶ丸い球体のようなものをイメージしてください。

これを仮に「運玉」と名付けます。

見えない部分は海の下に隠れているわけです。

ようは「下」にあるんです。

目に見える「物質的」な部分だけが成功していて、精神面ではあまりわくわくできていない人の場合、地上にある上のほうだけにライトが当たっている感じなんです。

上からしかライトが当たってないと、下のほうが完全に影になりますよね？

これが「光が当たれば影ができる」現象です。

親がすごく有名で活躍して、周囲から見ればなんとも羨ましい環境であっても本人はそれがプレッシャーで辛い人だっています。親の仕事を継ぐためにほんとうになりたい夢を断念したりしているかもしれません。

こんなふうに「見えること」だけにライトが当たっても、大きな影ができてしまう人だっているのです。

精神的にわくわくして安定していなければ、この部分は暗いんです。

でも、いつもわくわくして心が元気だったら、
海の下に隠れた「見えない部分」が輝くわけです。
ここに下からライトが当たる感じです。

下からのライトがどんどん強くなって明るくなれば、見えている上の部分も

ふんわり包むような明るさになります。
下から強いライトが当たっても上は影にならないんです。

運がよくなるのは、
この「下」の部分がわくわくして
輝いている状態なんです。

ちなみに、上からのライトは「ダウンライト」で、
下からのライトは「アップライト」。
そう、「上げる」という言葉が使われているのは、ここでも、
下からのライトなんです。

他人の輝きではなく、
自分の輝きを見つめてください。
あなたもひとつの輝く星です。

心は褒めて輝く

夜空を見上げたら星が見えますよね。
きらきらと輝いてとても美しいわけです。
見上げたらそこに無数の星があるように、見渡せばそこに、
無数の人があなたの持っていないものを嬉しそうに持っているのです。

わたしたちは見上げた星になれないように、
輝いてみえる周囲の人にもなれません。
だから誰かを見て、ああなりたい、こうなりたいって思っても
世界は変わらないし、星にも手が届かないのです。
大事なことは何よりも内側を見つめることです。

自分をまず見つめてみるのです。

そして、自分の内側に輝いているものを見つけて、

あなたもひとつの星だってことに気づいてあげるのです。

わたしはコンプレックスが多いほうだったので、

いつも周囲を見て「ああ、いいなあ」と羨んでいたほうなんです。

でも思い返せば、そんなふうに思っていたときはぜんぜん幸せじゃなかったし、輝いてもいなかったです。

でも、自分の内側に目をむけて「自分のいいところ」探すようになってから、

じわじわと内側から光り始めたような気がするんです。

自分のいいところを見つけていったら、どんどん光が強くなった。

そうしたら、営業で世界No.2になれたし、本を出して、いつのまにか作家にもなれていたんです。

心って褒めてあげると輝くんです。
でも、輝くためには、
自分で褒めないとダメなんです。

ブックデザイン　三瓶可南子
イラストレーション　大高郁子
編集　飯田健之
営業　小板橋頼男
DTP製作　三協美術

運をつくる授業

あなたもぜったい「運のいい人」になれる方法がわかった!

2017年3月13日　第1版第1刷

著者　和田裕美
発行者　後藤高志
発行所　株式会社 廣済堂出版
〒104-0061　東京都中央区銀座3-7-6
電話　03-6703-0964(編集)　03-6703-0962(販売)
Fax　03-6703-0963(販売)
振替　00180-0-164137
http://www.kosaido-pub.co.jp
印刷所
製本所　株式会社 廣済堂
ISBN 978-4-331-52079-6　C0095